刑法修正理由　完

南雲庄之助編

明治四十年發行

刑法修正理由 完

日本立法資料全集 別巻 1184

信山社

法學士　南雲庄之助編

刑法修正理由　完

内容

○刑法起草委員帝國議會政府委員諸氏所説の刑法修正理由
○帝國議會刑法改正按の質問應答修正意見等
○前刑法草案理由書及刑法起草委員諸氏の論據抄出
○刑法改正按帝國議會審議要集

刑法修正理由

完

凡例

一、本書は（イ）刑法起草委員帝國議會政府委員倉富・平沼・谷野氏等の所説に係る刑法修正按理由（ロ）帝國議會に於ける刑法改正按審議の際提出されたる修正意見・質問・應答（ハ）法典調査會前刑法改正按理由（ニ）刑法起草委員の論據等其他を蒐め條章を追ふて機宜に編輯したるものにして　畢竟改正刑法の立法の精神を知らんとする者のために多く力を須ひずして其要を究めしめんと欲するにあり

一、從て書中毫も編者の私見を挾ます。

一、書中「倉富、、」とあるは倉富氏「平沼、、」とあるは平沼氏「谷野、、」とあるは谷野氏の所説に係るものなることを表示し、「議質」とあるは帝國議會刑法改正按の議に於ける議員の質問「……答」とあるは政府委員の應答なる旨を表示したるものとす。

一、書中「法調」とあるは法典調査會の發表に係る前刑法改正按理由書

の抄出なることを表示せるなり。

一、起草委員諸氏の論據及帝國議會の修正說等は各場所に其旨を明示せり。

一、卷尾に貴衆兩院刑法改正按審議要集を揭載したり。

刑法修正理由

目次

第二編　罪……一六六

刑法修正理由目次終

刑法修正理由

法學士　南雲庄之助編

一、刑法の大體に通する修正理由

○國務大臣松田正久氏說明（第二十三回帝國議會に於て）

現行刑法は明治十三年の發布に係り、明治十五年一月一日より實施されて以來二十有五年を經過して居る、二十五年既に短日月ではない、而して我社會進步の狀態を見れば誠に長足の進步を爲して、此十五年間は他文明諸國の一二世紀にも相當する進步をなして居る、然らば刑法も亦た社會狀體の變遷に從て改正を加ふるは當然の事であると思ふ、又一面より看察を下せば啻に社會變遷に伴ふ法律の不備を補正するに止まらず、現行刑法の實施以來實際の經驗に徵して往々其缺陷を見出すのである、先づ第一に今日外國との交通益々複雜を極むるに當りて帝國臣民が外國に於て帝國又は帝國臣民に對して犯したる所の罪を罰するの規定がない、又內國に於て外國の主權者若しくは使臣に對し帝國臣民が犯したる所の罪の規定が無い、之等は最も大なる缺點と云はなければならぬ、又累犯者に對する規定の如き數罪俱發に關する處分法の如き最も其缺點を感ずる譯である、且又刑の範圍が甚だ狹隘であつて各個の犯罪の情狀千差萬別なるに拘はらず現行の刑法に依て見れば裁判官が其千差萬別なる情狀を酌量して刑を輕重することが出來ない　是等は從來學者及實地家の最も非難を致す點である、　此外種々の不都合なる場所が多い、而して前に議會に提出せしてとある刑法改正案は既に其後數年を經て居るから充分の審査を遂げ修正を加へた點が多い、　即ち今回の改正案と前の改正案との間には種々相異なるヶ所がある、今其ヶ所の主なるもの一二を説明せんに、前の改正案には監視の規定があつたけれ共今回の案は之を削つて居る、是は爾來實地に於て經驗するところ何分此監視制度のみを以て其目的たる再犯を豫防することは到底出來ない、唯に害は有つても益は無いと云ふことが實驗上得たる所である、夫れから大赦、特赦、及復權の規定の如き是亦た削除をいたした、其理由は大赦、特赦の如き總て之は大權の發動に依るもので殊更に之を刑法に揭ぐるの必要は無いと云ふ所よりして之を削除した譯である、又第三には公權剝奪の規定を削除した、是は若し公權剝奪を科するの適當なる場合に在ては即ち公權を行はしむる所の資格を定むる特別法の範圍に於て之を規定したならばそれで差支が無いと云ふ所よりして之を削除した、以上は前の案と今回の案との間に存する異なる箇條の重もなるものである、其他所々に修正を加へた點な

どに就ては政府委員たる專問家より詳細に說明をする筈である

〇法學士平沼騏一郞氏所說

〇帝國外の犯罪に刑法を適用するの範圍　改正刑法は第一條乃至第四條に於て刑法の土地に關する効力範圍を定めたのであつて、原則としては勿論帝國外に於ける犯罪には此刑法を適用しないことに爲つて居る、けれ共第二條第三條第四條に列記した犯罪項目が少なく無いから結局此刑法を帝國外の犯罪に適用する範圍は餘程擴張されて居るのである、之を掻摘んで說明すれば帝國に對する犯罪幷に帝國臣民に對する犯罪中多くは我邦家の利益を保護する必要上帝國外に於て行はれたる犯罪を處罰することにしたのである、又帝國外に於ける日本人の犯罪には第三條第四條の規定に據り隨分廣く此刑法を適用することにされて居る、之は日本人であるからとの理由よりして輕微でない犯罪には總て內國の法律を追從すると云ふ趣旨に出て斯く規定したのである、今之を各國の法制に比較して見れば或は內國人の重罪又は輕罪には本國の刑法を追從すると云ふ佛蘭西の法制もあるし、又所謂屬地主義を原則として特別の場合には內國の利益を保護するために特殊の犯罪を罰すると曰ふ主義を採て居る法制もあるが、畢竟之等の法制に比して我改正刑法は頗る其範圍を擴張されたものと云ふて克からふ。

○法學士平沼騏一郎氏所說

○刑法の土地に關する效力の規定と滿韓及臺灣　刑法の土地に關する効力範圍の規定中治外法權の行はるる國のことに就ては何等明記する所がない、茲に於てか滿韓に在る日本人に對しては條約の結果よりして此刑法全部が適用さるゝことと爲るのであつて、第二條三條四條の規定は日本人に對する關係から曰へば何等の効用が無い外國人に對する關係からすれば無論滿韓にも比規定を適用せざる可らざれ共、日本人に對する關係は畢竟條約の結果此刑法全體が適用せらるると云ふことに歸着するのである、次に臺灣のことに就ては此刑法が施行されたからとて爲めに現在の有樣を變更する考へではない、即ち現在の有樣は我國內一般に通じて行はるゝ刑法典がありながら臺灣丈は特例に爲つて居て即ち臺灣律令に據て現行刑法を適用するのであるからして其根底が改廢せられざる以上は改正刑法が律令より後に頒布施行されたからとて、此刑法を直接に臺灣に適用せらるゝのでは無く、矢張現在の通り律令に依て此刑法の適用を見るに至るのである。

○新舊比照　犯罪後の法律に依て刑の變更ありし場合には舊法に據るか將た新法に據るかに就ては學理上の理論あるべけれ共、改正刑法が此新舊比照の法制を採用したのは敢て學理上の主義如何を顧みたのでは無い、結局犯罪當時の法律に於て輕く罰して居るものを新法律頒布のため重く罰すると云ふは如何にも酷である、斯う云ふ理由からして新舊比照の法則を存置したのである。

○監視　多年の實驗上監視刑の害あつて益なきことを發見し得たから此制を削除したのである、然らば刑としては之を廢しても其結果他に拘束するの方法を設くる必要ありや否やと云ふことに爲る、此點に就ては別に法律に監視様の拘束方法を設けるに及ばないと思ふ、事實上勿論之を取締る方法は必要であらうが拘束して取締まるにも及ばない、然らば事實上之を拘束はせないければ刑の範圍を擴張して刑を重くし監視に換へる方針ではないかと云ふ疑があるかも知れぬけれ共、夫れは決してさうではないのである、成ほど現行刑法に於て監視を最も必要とする竊盜罪の如きは改正刑法に於て大に刑の範圍を廣くされて居るが、這は多年經驗の結果現行法では刑の範圍が狹きに過ぎて十分の運用が出來ないから之を廣くした即ち他の理由に依て刑の範圍を擴張したので決して監視等の方法に據て拘束することを爲さないから刑の範圍を廣くしたと云ふ樣な譯ではない。

倉富勇三郎氏所說

○監置、徵治　改正刑法は此監置、徵治の規定を削つたのである、なぜ監置に關する規定を削つたかと云ふに、監置は危害を豫防する爲の規定で固より刑罰では無い、加之精神病者に對して監置の處分を必要とすると云ふことは強ち精神病者が刑法上の罪を犯した場合のみでは無い、假令犯罪行爲が無くとも精神病者に就ては監置の處分を必要とする場合がある、現に今日でも精神病者監護法に依つて精神病者に對しては監置の處分を施こして居るのである、して見れば精神病者が刑法上の罪を犯した場合のみに限りて特に監置の處分をすると云ふことを刑法に揭げて置きたればとて、それだけで決して完全と云ふ譯には行かない、又幼年者に對して懲治すると云ふことも固より是は刑罰ではないのみならず、幼年者に對して懲戒を施すと云ふことも決して幼年者が犯罪行爲を爲した場合に限らない、現に民法に於ても裁判所の許可を得て懲治場に入れることを得る旨の規定もあり、又感化法に於ても幼年者を感化院に入れることを得る旨の規定もある、是も幼年者が犯罪行爲を爲した場合のみに限つて刑法上特に懲治の處分をのみ規定して置いても決して完全と云ふ譯には行かぬ、加之ならず刑事の裁判所をして此幼年者に對する懲治處分をなさしめると云ふことは幼年者を感化する上に於ても決して適當でなからう、右樣な次第で之等の事は他の法律の規定に讓たのである。

○剝奪公權　改正刑法は此剝奪公權の規定を全然刑法典中より削除することにした、現行刑法の剝奪公權に付き規定しある事項は隨分澤山てあるが、先きに衆議院を通過した改正案に規定してある公權剝奪の規定は現行刑法に比して其事項が少なくなつて居る、卽ち前の改正案の剝奪公權の事項は第一號から第五號まで揭げてある、其第一號選擧權被選擧權の喪失、是はどうしても他の法律でなければ定めることが出來ぬ、現に今日は選擧法に如何なる塲合に於て其資格を喪失するかと云ふことは規定してあるから刑法中より之を削りても大した影響は無いのである、第二號の公務員たる資格の喪失此事に就きては兩樣に互り、或る塲合には立派に法律を以て其資格を定めてあるものもあり、又一般の官吏等に就いては法令を以て定めてある、是も此刑法から削除すればとて別段の影響は無からうと思ふ、尙不足があれば是は刑法施行法で其補ひをつけて行かれる、それから位記勳章年金等のことは全く大權の發動に依つて或は下されて或は奪はれると云ふ譯であるから命令を以て定められて充分であらうと思ふ、それから恩給退隱料などのことは旣に恩給法の規定もあり、之を削除すればとて何等實際に差支へはないのである、外國の勳章を佩用することの禁止、是れも全く勅許を受けて佩用することが出來ることになつて居るから命令でやつて差支がない、第五號の兵籍に入る資格の喪失、是は徴兵令の方に規定を設ければ一向差支ない積りである、それ故結局本法中から公權剝奪の規定を削つたのである、次に裁判所に於て證人と爲るの資格、之れも矢張り刑事訴訟法民事訴訟法に於て定めるのが最も至當である、勿論現行の刑事訴訟法民事訴訟法にも定めてある、尙不足があれば之を補足して行けば夫れで宜しい。

○法學士平沼騏一郎氏所説

○罰金の附加刑　罰金の附加刑は主刑の罰金と其性質に於ても範圍に於ても又効力に於ても相違は殆んど無いのである、主刑として罰金を存して其他に尙ほ附加刑の罰金を存すると云ふことは啻に刑の適用に就て種々錯雜を來すのみならず格別の利益と云ふものが無い、夫故改正刑法には附加の罰金刑を削つたのである。

○刑の執行猶豫と罰金刑　罰金刑に對して刑の執行猶豫を認めない理由は、本來執行猶豫の制を設けた根據が畢竟短期自由刑の弊害を成るべく避けたいと云ふ趣旨であるから、當然此制は罰金刑に及ばぬことゝなるのである。

○法學士谷野格氏所說

○刑の執行猶豫の實施成蹟　表に據らず唯だ記憶だけで云ふのであるから精確には分らぬけれども、丁度明治三十八年四月から施行になつて同年十二月までに執行猶豫を許された者がたしか千二百ぐらゐであつたと思ふ、其中取消された者が二十何人、行衛不明者が二十何人、其行衛不明のも成蹟の良くない者と見て約四十もあつたそれから三十九年一月から九月までの統計では確か二千何人と云ふ、者が許されて居るが、結局行衞不明のため又は罪を犯したと云ふ事由で取消された者が六十三人くらゐになつたと思ふ、而して其執行猶豫を許された犯罪者の種類の重もなるものは賭博とか毆打創傷罪とか云ふやうなものが重もなるものであるが其罪の種類を擧ぐれば餘ほど澤山ある、總て監視を附せないやうな輕い刑になると大概の者はやつて居る、罪名は表にして二百も三百もあるから三四十種以上にも及んで居るであらう、最も多いのは毆打創傷罪などである。

○倉富勇三郎氏所說

○幼年者に對する刑の減輕　前の案には十四歲以上二十歲未滿の者が罪を犯した場合には其刑を減輕することを得と云ふことの規定があつたけれ共、改正刑法では其規定を削除した、其理由は改正刑法は幼年者の責任年齡を變更して十四歲未滿は總て之を罰しないと云ふことにして居る、十四歲以上と云へば數へ年で十五歲若しくは十六歳と云ふことになる譯で一通り其人の智能も發達して居るのである、加之此改正刑法は多くの場合に於て刑の範圍が餘程廣くなつて居る故に幼年者が罪を犯した場合に各條の刑の範圍内に於て幼年者相當の刑を科することも出來る、尚且つ其事情に適しない場合があればそれ以上酌量減輕の途も開いてあるからして、十四歳以上二十歳未滿の者に向て法律上減輕の途を開いて置く必要は無からうと云ふ趣意からして、此規定を削ることになつたのである。

○未遂罪に關する規定　之に就ては現行刑法の規定と前の改正案とを參酌して矢張り「其刑を免除す」と云ふことにしたのである、前の案に於ては未遂罪の場合には「其刑を減輕することを得」と云ふ規定になつて居て法律上必ず其刑を減輕すると云ふことではなかつたのである、然るに此節の案には「得」と云ふことを廢めて其刑を減輕すると云ふことに定めた、未遂罪の場合と既遂罪の場合とに於ては實際の害も相違があるし、現行刑法に於ても未遂罪の場合は必ず其刑を減輕すると云ふことになつて居る、種々參酌の局現行刑法の規定に準じて未遂罪の場合には裁判所の考に任せる、法律上必ず其刑を減輕すると云ふことに致した方が宜からうと云ふ考を以て、此規定を改めたのである。

（編者曰く此箇所は帝國議會の議に於て「罰することを得」と修正せらるゝに至れり第四十三條參照）

○法學士平沼騏一郎氏所說

○中止犯を罰する理由　成程此刑法に於て中止犯は其刑を減輕又は免除することを得と爲つて居る、即ち最も氣の毒な場合眞に悔悟して中止したと云ふ樣な場合は其刑を全く免除することが出來るのである、併し中止犯には色々あつて必しも悔悟したものばかりでは無い、或は怖れて止めるものもある或は利益の觀念から中止するものもある、之等のものにまで免除の恩典を與へる必要は無い、斯う云ふ理由からして裁判官の裁量に一任したのである。

○併合罪と再犯と競合の場合刑の適用　改正刑法には之に關して明かに現行刑法第百二條二項の如き規定は無いけれ共之に相當する規定はあるのである、即ち本法第四十五條に確定判決を經ない數罪を併合罪とすと斯うなつて居る、併しながら或罪に就て確定判決があつたときには其確定判決を經た罪と其確定判決前に犯した罪とを併合罪とすると云ふことに爲つて居る、故に再犯の罪があると始終別に處分をすると云ふ結果に爲る、還は第四十五條の規定と他の併合罪の規定とを對照すれば斯う云ふ結果となる、詰り刑の適用は併科になるのである。

○累犯　累犯の意義と云へば大變六ヶ敷くなるが、確定判決を經て其後又犯罪を犯した、夫れは即ち再犯になる、更に三度、四度いろ

〱重なつて來るから累の字を用ひたのである、而して累犯制を懲役刑に限つた所以は、此累犯の制を設くる必要は結局刑を重くするためである、即ち累犯者として刑を加重する必要のあるのは多くは彼の營業犯であるとか習慣犯であるとか云ふ樣な質の惡い犯罪に限るのである、然るに禁錮又は罰金を科すべき犯罪は之等の部類には這入らない、夫れ故累犯の規定を懲役刑丈に限つて置いたのである

○神社　神社に對する罪は之を一樣に規定して居る、即ち此刑法に神宮と云へば伊勢大廟のことである、現今伊勢の大廟は總ての點に於て特別の御取扱に爲つて居るから、之に對する犯罪を特別の規定にすると云ふことは當然のことゝ思ふ、然らば其他の神社に就ても社格等色々分別して規定すべき必要ありやと云ふに、本來此刑法は一般に刑の範圍を廣くして居るから社格等の區別に依て斟酌する餘地は充分に存して居る、故に其他の神社に就ては色々の區別に從

て規定を異にする方法には據らなかつたのである。

○刑法典と單行法　現今特別法に規定せられある罰則にして此刑法典中に編入せられたものが多々ある、又現行刑法典の中にある罰令にして特別法に讓る目的を以て省いたのもある、是は畢竟現今の特別法令は現行刑法制定後に出來たる色々の罰則も多いのであるからして性質上刑法典中に編入すべきものは總て編入せられて居る、之れと同時に極く特別の必要に基くものであるとか或は他の取締に關するところの罰則に附隨して規定する方が相當である斯う云ふ理由て現行法典から除いたのがある、今一二の例を擧くれは決鬪條例、爆發物取締規則、外國貿易、貨幣に關する法律のごときは或は刑法典中にあるが宜いか將た特別法として置くのが宜しいかと云ふことに就ては起草の際審議の結果、此刑法典中に編まないことにされたのである、夫れは詰まり之等の罰則は總て特別の理由からして設けられて居るので或は其時の事情の下にどうしても之を必要とするものもあるし、又其法案自體は多少繼續的のものであつても其内容に至ては或は時勢の變遷に依て變更を加へねばならぬものもある斯くの如きものは刑法典の中に編んで置くのは不便なのである、又性質上刑法典の中に編まぬが至當であらうと云ふことからして畢竟之を削除したのである、尚ほ決鬪罪に就ては成程各國は大概刑法典中に編入して居る、併しながら曾て吾衆議院に於ても其刑が重過るとか議論をされたこともある位ひ、或は之等の内容に就ては時勢に從て變化を加へる必要も出て來はせないかと云ふ懸念を以て相成るべくは矢張特別法に讓て置くを可とするのである。

〇倉富勇三郎氏所說

〇改正刑法施行時期　當局に於ては先年來刑事訴訟法改正の必要があると認めて餘ほど以前より既に其改正案の取調に著手して居る

のである、併しながら此方は未だ大分調査を要することも殘つて居るからして、刑事訴訟法改正案の調査結了は尙ほ大分時日を要することであらうと思ふ、今此刑法を施行するに付いては各種の法律との關係もあるからして、施行法に付いては精密な調査を要することではあるけれども、其施行法も大略調査いたしてある筈故出來得ることならば刑事訴訟法の改正を待たずして刑法だけは單獨に施行せられんことを希望して居るのである、しかしながらこの刑法案が議會を通過して是だけで直ぐに施行することは實際に行はれない施行法が出來た以上のことにはならうと思はれるが必しも刑事訴訟法と同時でなければ施行が出來ないと云ふ譯てはない。

二、刑法起草委員の現行刑法修正論

現行刑法修正の事業は我國多年の宿題に係り誰れか之を絶體に否とする者あらんや、今試みに二三修正の理由を略述せん

第一理由――社會の推移　現行刑法の立法當時にありては吾國は諸外國と密接する期會なく内外交渉事件の如きは殆ど豫想するを得ず亦豫想する必要を見ざりしなり、之れ現行刑法が國際刑法に關する規定、國交に關する罪に就ての規定を缺如せしも亦止むなきなり、然るに現行刑法實施せられてより以來二十有餘年我國權大に伸び諸外國との交通日に月に密接を加ふるに至る、此時に當り外國の君主又は大統領遠く我國に來遊するあり、而して愚者禮を失して之に暴行又は侮辱を加へたりとせんか其來遊の我邦家に利便なると否とを問はす犯人に擬するに常人に對する刑律を以てするは果して法理に適せりと云ひ得べきや、帝國臣民の外國に在るあり外國に於て生命及身體に對する罪を犯したりとせんか其被害者

の帝國臣民たると將た又外國人たるとを問はず之を不問に附するは果して我國家の秩序維持に害なしと云ひ得るや、要するに國際刑法規及國交に關する罪の規定を缺如する刑法は以て吾國の刑法典と爲すに足らざるなり、　國際法規とは假へば外國人帝國に於て又は帝國臣民外國に於て犯罪の主體と爲りし塲合の規定及外國に於ける確定裁判の內國に於ける効力又は外國に於ける確定裁判に依る刑の全部又は一部執行の內國に於ける効力の規定等を云ひ、國交に關する罪とは假へば帝國に滯在する外國の君主又は大統領及帝國に派遣せられたる外國の使節に對する暴行又は侮辱罪、外國の國旗其他の國章を破毀汚損又は除去する罪及外國交戰の際局外中立に關する命令に違背する罪等を云ふ。

(四)新事物の發生したること　現行法立法當時には我國家の行政組織は主として官府組織たりしを以て法律の豫想せるは單に官廳官

吏に止まり官署官吏に關する罪を所々に規定したるに過ぎされ共明治二十三年十月吏に法律第百號を以て公署、公吏に關する罪を官署官吏に關する罪に準ずることゝ爲せり、然るに近時尙ほ公署、公吏の外に多種の公務員を發生するに至り之等公務員の行爲又は公務員に對しての行爲に關する罪は彼の官公吏員の行爲官公吏員に對しての行爲に關する罪と敢て擇ふ能はざるもの多し、また現行法立法當時には電話電車なるものゝ存せざりしため之等に關する罪の規定を缺く、然るに近時電車電話等其發動力を電氣力に取る交通機關漸やく多きを加ふ乃ち之等の新事物に關する刑法規なきは豈我法界の慶事と云ふ可けんや、而も新事物の發生は上述の二に止まらず或は水道の設備と云ひ或は外國に於て僞造したる帝國の通貨公債證書、會社の株劵、有價證劵等殆んど枚擧に遑まあらざるなり。

(ハ)舊事物の廢滅したること　這は比較的少數なりと雖、例之既に民法親族編の制定に依り親族の何たるやを定められたる以上は現行法の如く刑法典中に殊更に親族關係を規定するの必要を見ざるが如き類之なり。

第二理由――法理の推移

(イ)刑の執行猶豫の法制　近時現行刑法立法當時に豫想だもせざりし刑の執行猶豫の法制發達せり、蓋し犯罪必罰即ち報復主義を執る刑法は既に數世紀前の遺物に屬するものにして國家が犯罪を訴追し科刑するは其目的とする所一に社會團體の秩序を維持せんとするにあり、決して秩序維持に必要なる限度以外に犯罪人を痛苦せしめんとするにはあらず、即ち總ての犯罪人を必罰するにあらずして秩序の維持上罰せざる可らざる犯罪人をのみ罰するにあり、彼の所謂初犯短期囚の如きは其罪跡重要なるにあらず、犯情憎惡すべきものあるにあらず多くは之れ一時の情慾に誘惑せられて終に刑律を犯すに至りたるものにして、一旦其犯行を了りて事の既に發露するや自ら改悛の念慮に驅られて良心も亦其平生に復す、此時に當り尚ほ法禁の違背す可らざるものありて之に法定の刑を宣告し其刑を執行せしめんとするは所謂秩序維持に何等の効力かある、況んや一旦之等の者をして刑辟に觸れしむるは更に他の犯行を敢てする蠻勇を助長するに外ならず、殊に監獄は或は一の犯罪學院とも云ふべき所にして右の如き罰する必要なき犯人に刑を執行すれば更に他の良教師指導の下に犯罪術を巧妙ならしむるに外ならざるやも知れず、故を以て刑の執行猶豫の法制は先つ北米合衆國に始まり漸次各國學者の視聽を動かして遂に白耳義、佛蘭西國等の成例たるに至れり。

(ロ)罪名及刑名を減ずる法制　重罪と曰ひ輕罪と曰ひ違警罪と曰ふ

單に其本刑の刑名を異にするのみ其本質に於て何の區別かある、況んや刑名は我現行刑法の如く數多の區別を設くる必要何れにかある、只單に生命刑、定役ある自由刑、定役なき自由刑、財產刑と云ふを以て足るべし、之れ和蘭法制の採用する所にして一般法理の是認するものなり。

(六)罪に對する科刑の範圍を擴張する法制　君主專制治下の虐政は刑法一般の觀念にして罪に對し確定不動の刑を法定せしむるに至りたり、然かれ共之れ唯一の極端より他の極端に移りしのみ克く事の中正を得たるものにあらず、之を以て刑の範圍を法定し裁判官をして各個の罪の狀情に從ひ刑を加重減輕する自由を得せしむるに至り現行刑法も亦此主義を採用したりと雖其範圍極めて狹隘に失して克く刑法の目的を達する能はず、乃ち一方に善良公正の裁判官を養生し、一方に刑法の刑の範圍を擴張せんことは一般學者の定說と爲り各國立法も亦多く此法制を採用せりと云ふ。

(ニ)本刑を併科する法制　數罪に對し同時に刑を言渡すとき現行刑法の採用せる吸收主義に據らんか會に犯罪を容認する嫌あるのみならず又之を獎勵する傾向を生ず、若し又併科主義を採用せんか死刑、無期自由刑を科すへきものに對しては他の生命刑、自由刑を併科する能はざるのみならず、彼の假へば窃盜十數罪を犯したる者の刑期は忽ち數十年に達し事實上窃盜罪に無期自由刑を科するの結果となるならん、然れ共本來罪一個每に刑を科す可きは刑法の本則なりとせば寧ろ併科主義を認めて其短處を補綴するに如かず所謂制限併科主義は近時刑法學者の盛んに唱導する所にして各國の刑法も亦多く範を之に採るものゝ如し。

(ホ)累犯者嚴罰の法制　國家は專心罪を豫防し鎭壓するに拘はらず其罪を再ひし三度するものは所謂濟度し難き犯罪人なるを以て之

に科するに嚴刑酷罰を以てし公の秩序を維持することを計企せざる可らず、現行刑法は再犯加重を採用すると雖も加重の結果は僅かに本刑に一等を加ふるに止まる、而して其一等加重と云ふもの各種の刑名に依て甚だ狹まく苦しき制限を設け居りて到底濟度し難き犯罪人を畏喝し感化するに足らず、近時一般の法理は累犯者に對して範圍廣濶なる特別刑を科して之を嚴刑酷罰する法制の採用を歡迎し居れり。

（第三理由――法規の排列

イ）各箇の犯行及其刑に關する法規に章を規定するは不當なり蓋し法典としては各規定を秩序的に排列すれば則ち足る、或は多少閱覽に便ならしむるがために同種類に屬する罪の規定を一節に纒め之に節と題するの必要ありと雖更に其節を包括す）る所の章を置くの必要を認めず、且刑法は法典中最も嚴確に解釋すべきものに屬す必要なくして妄りに字句を附加せんか刑法の意義は從て影響を蒙らざるを得ず、之れ刑法に章を設くる法制の漸次廢滅に歸する所以なり、余は法典は敎科書にあらずと思料し章及節の區別を爲すは敎科書の任務に屬すと爲すを以て從て刑法には章節の細別を爲す可きものにあらずとの斷案を下すものなり。

ロ)違警罪を刑法典に規定するは不當なり　違警罪は主として所謂形式罪にして其罪目は一國內に在りても時期又は土地に依りて差異なかる可らず豫め其全部を網羅して規定するは不能に屬す要するに違警罪の如きは實質罪にあらざる限りは成るべく之を地方的立法に一任するを可とするのみならず又之を一任せざる可らざるが如し。

ハ)公益に關する罪及身體財產に對する罪の區別は不當なり　現行刑法の公益に關するものとは私益に關するものと相對し、身體財産に對するものとは身體財產以外の事物に對するものと相對す、元來別意の觀察點より重罪及輕罪を規定せる法規を分ち其區別を相對せしむるは理論上認容す可らざる瑕疵なり、一步を讓りて刑法の所謂身體財產に對するものとは私益に關するものを意味するものとするも公益に關するもの及私益に關するものに區別する法制は羅馬法の糟粕を嘗めたりと云ふの外何等の價値を有せず。

第一編　總則

第一章　法例

○刑法の效力「調法」本章は現行法第一編第一章と同じく刑法の効力に關する一般の通則を定めたるものにして左の如し

一　法律の土地に關する效力

二　法律の人に關する效力
三　法律の時に關する效力
四　刑法の總則の他の法律に對する效力
此他本章第七條に於ては公務員及び公務所なる用語の意義を示したるものなり。（前改正案第一編第一章）

第一條　本法は何人を問はす帝國内に於て罪を犯したる者に之を適用す
帝國外に在る帝國船舶内に於て罪を犯したる者に付き亦同し

○屬地主義「調法」　一國法權の及ぶ可き區域に就ては古來二箇の主義あり、其一を屬地主義とし、其二を屬人主義とす、屬地主義は國土を基とし其國内に在て犯したる罪に就ては何人を問はず內國の法律を適用すべしと爲し、屬人主義は本國人の何れの地に在る場合と雖も常にその本國法の適用を受くべきものとなす、本法の採る所は即ち屬地主義にして、日本國內の犯罪に就いては犯人の何れの國人たるを問はず、常に我が法律を適用するを以て原則と定めたり、之れ今日汎く各國に行はるゝ所の主義にして、最も時宜に適したる法規なり。

第二項は帝國外に在る帝國船舶內の犯罪に就ても、亦原則として我が法律を適用す可きことを規定したるものなり、從來艦船は本國領土の一部と看做し、之に對しては當然本國法を適用すべしと爲せる學說と、本國を離れたる艦船に付ては必要上本國法を適用すべしと爲せる學說あり、本法は即ち第二の主義を採りたるものなり。（前改正案第一三條）

○刑法の土地に關する效力の規定と滿韓及臺灣（大體に通する條

○船舶「倉富所説」本法に於て船舶と云ふは軍艦以外の船舶をのみ指したのである、軍艦及其餘の船舶を包含せしめんとする時は毎に艦船なる文字を用ひて居る、而して本條第二項に船艦なる文字を用ひずして特に船舶とのみ限りたる所以は、帝國の軍艦內に於て罪を犯したる者が帝國の法權に服從するは固より當然で特に明文を要せないからである、「議員」軍艦內に於ける犯罪に本國の法權の及ふは當然にして明文を要せずとすれば本條第一項の規定も其必要を見ないと云ふ論決を生ずるではないか、「答」本條第一項も明文が無くとも判るではあらうけれ共併し先つ原則としては之を揭げて居るのである、而して第一項の中にも帝國內に於て罪を犯したる者に適用の出來ない當然の例外がある、けれ共之等の例外は殊更に明文を揭げて居ない、第二項の軍艦の例外もまた此筆法を以て特に掲げてないのである。

第二條　本法は何人を問はず帝國外に於て左に記載したる罪を犯したる者に之を適用す

一　第七十三條乃至第七十六條の罪
二　第七十七條乃至第七十九條の罪
三　第八十一條乃至第八十九條の罪
四　第百四十八條の罪及ひ其未遂罪
五　第百五十四條第百五十五條、第百五十七條及ひ第百五十八條の罪
六　第百六十二條及ひ第百六十三條の罪
七　第百六十四條乃至第百六十六條の罪及ひ第

百六十四條第二項第百六十五條第二項第百六十六條第二項の未遂罪

本條第二號は「第七十七條乃至第七十九條の罪とのみ掲げ第八十條を引用せないけれ共本條の趣旨は決して帝國外に於ける內亂罪の自首に第八十條を適用せずと云ふのでは無い、此第二條から第四條までは何れも罪なる行爲を列記したのであつて、第八十條の規定は第七十八條、第七十九條の罪を犯したる者に就ての處分を定めたのであるから、若し外國に於て七十八條、七十九條の罪を犯したる者が自首し出たるときは無論八十條に依つて其刑を免除するといふ處分はせなければならぬが、併し之を第二號に含む罪として掲げるのは適當でないと云ふので、此第八十條を引用してないのである、要するに第八十條の規定は犯罪の處分に關する規定である

○帝國外に於ける內亂罪の自首「同上」

から、特別に一個の罪と見て掲げるは其當を得ないと云ふに外ならぬのである。

○帝國外に於ける公務の執行を妨害する罪「平沼學士」本條及次條中に公務の執行を妨害する罪を加へなかつのは、之を加へると結局外國の官憲の公務執行を帝國の臣民が妨害したる場合を罰すると云ふことに爲る、要は內地官憲の職務執行を保護すれば夫れにて足りるから、刑法の制裁を其處まで及ぼす必要が無いと云ふ考へから第九十五條以下の條文を除いたのである。

第三條　本法は帝國外に於て左に記載しある罪を犯したる帝國臣民に之を適用す

一　第百八條、第百九條第一項の罪、第百八條第百九條第一項の例に依り處斷す可き罪及ひ此等

の未遂罪
二　第百十九條の罪
三　第百五十九條乃至第百六十一條の罪
四　第百六十七條の罪及ひ同條第二項の未遂罪
五　第百七十六條乃至第百七十九條、第百八十一條及ひ第百八十四條の罪
六　第百九十九條第二百條の罪及ひ其未遂罪
七　第二百四條及ひ第二百五條の罪
八　第二百十四條乃至第二百十六條の罪
九　第二百十八條の罪及ひ同條の罪を犯し因て人を死傷に致したる罪

十　第二百二十條及ひ第二百二十一條の罪

十一　第二百二十四條乃至第二百二十八條の罪

十二　第二百三十條の罪

十三　第二百三十五條、第二百三十六條、第二百三十八條乃至第二百四十一條及ひ第二百四十三條の罪

十四　第二百四十六條乃至第二百五十條の罪

十五　第二百五十三條の罪

十六　第二百五十六條第二項の罪

帝國外に於て帝國臣民に對し別項の罪を犯したる外國人に付き亦同し

○第二百三十條の罪を加へたる所以「同上」　第二百三十條の罪を加へたる譯は矢張名譽なるものも他の權利と同樣に保護する必要がある、斯う云ふ考へを以て加へたので別に深き意義は無いのである。

○法文の體裁「同上」　第二條、三條に斯くの如く多くの條を列記するは如何にも不體裁を極むる樣に思はるゝので可成斯うしたくないといろ〳〵討議も致したけれ共、結局どう云ふ風に書いて見ても條を列記せぬ以上は意を盡くすことが出來ない、どうしても之れより致方は無かつたのである、或は原則を第二條、三條に規定して置て帝國外の犯罪帝國外に於ける帝國臣民に適用すべき犯罪を各論に掲げる方法を採らうかと云ふことに付ても研究したのであるが、之も甚だ困まる、章に依りて其適用する者と否らざるものとの區別が出來れば此方法を採り得るべけれ共章の中で或は適用し或は適用しないものがある譯故之を各論の方に書き表はすとすれば殆んど各條へ持つて來て書き加へねはならぬことゝ爲り、却て體裁を汚すに至る故止むなく此法例中第二第三條に集めることにしたのである。

第四條　本法は帝國外に於て左に記載したる罪を犯したる帝國の公務員に之を適用す

一　第百一條の罪及ひ其未遂罪

二　第百五十六條の罪

三　第百九十三條、第百九十五條第二項第百九十七條の罪及ひ第百九十五條第二項の罪を犯し因て人を死傷に致したる罪

第五條　外國に於て確定裁判を受けたる者と雖も同

一行爲に付き更に處罰することを妨けす但犯人既に外國に於て言渡されたる刑の全部又は一部の執行を受けたるときは刑の執行を減輕又は免除することを得

○外國に於て既に刑の執行を受けたるもの「倉富所說」原則としては外國に於て裁判を受けて居る者に付いても矢張り本國に於て之を罰することを妨げない、即ち第五條の適用がある譯になる、併しながら若し外國で處罰をされて居つて其刑の執行を受けて居る者ならば、それを全然二重に處罰すると云ふは實際不必要でもあり、又酷に失することになるを以て其刑を幾分か減輕しは、又は全部免除することも出來るやうに規定したのである。

第六條　犯罪後の法律に因り刑の變更ありたるとき

は其輕きものを適用す

○犯罪後の法律に依り刑の變更ありたるときは犯罪當時の法律を適用す「衆議院に如上の修正說提出、否決となる其論旨は」犯罪後の法律に依て刑の變更ありたる場合は必す舊法に從ふ可き者なりとは刑事上の一大原則である、假へば明治三十九年に犯罪行爲を爲したる以上は其法律か四十年に變更されたからとて國家が此者に科すべき刑罰の意思は既に三十九年に於て確定されありたるを以て後の意思即ち四十年に於て國家が刑罰の看念を異にしたとの理由を以て其看念を三十九年の犯罪に適用するは極めて不論理である、若し此原則か容れられ無いときは必ず新法に依るべしとすべきは刑事上の大主義である、然るに本條は斯る主義に毫も顧慮するところなく漫然新舊比照なる陳腐法制を採用して本條の規定を設けたるは如何にも其根據の發見に苦しまさるを得ない、依て玆に極めて新主義に適はしむべく如上の修正說を提出したのである、「贊成論旨」矢張進步せる刑事上の大主義に適合せしめんとする說を歡迎せなければならない、彼の舊法の刑を新法を以て全然癈する如き場合には新法の規定に依て救濟方法は之あるだらう、「反對論旨」既に新法が其必要なしとして刑を全癈し、又重きに過ぐるとの理由より其刑を減輕したる以上は假へ以前國家の意思がさうであつたからとて矢張舊法に依つて處罰すると云ふは甚だ酷に過ぎ且つ義も徹底しない譯である。

○刑法起草委員の新舊比照例論「法學士平沼騏一郎氏所論」

(一)法律の不遡及は時に關する法律の效力に就て存する原則なり法律に明文なければ常に此原則に從はざる可らず、然れ共立法者は決して此原則に羈束せらるゝ者にあらず、憲法は法律の遡及を禁せざるが故に法律の明文を以てすれば之を實施前に起り法律は既往の行爲に遡及せすたる事實に適用するを妨げず、(二)法律は既往の行爲に遡及せすとの原則に對しては各國の立法例に於て認めたる例外あり、即ち行爲の時の法律と判決の時の法律と異なるときは其輕きものに從ふとの法制之なり、此法則は第一審判決を爲す場合に限らず第二審若しくば第三審判決を爲すときと雖も適用するを例とす、而して此法則は或行爲を罪としたる罰則單純に廢止せられ之に代るべき法律の實施を見ざるときにも之を適用す、即ち前法律實施中の行爲に對し其廢止後判決を爲すときは無罪を言渡さゝる可らず、次に判決當時の法令と行爲當時の法令との間に介在する法令ある場合に於ても前記の法則に從ふて最も輕きに從ふて處斷せざる可らず、而して如上不遡及の原則に對する例外は其根據を學理上に求めんとするは固より非なり。

第七條　本法に於て公務員と稱するは官吏、公吏、法令

に依り公務に從事する議員、委員其他の職員を謂ふ
公務所と稱するは公務員の職務を行ふ所を謂ふ
○公務員公務所「法、調」　現行刑法は官吏官署に關する罪の規定を設け、更に明治二十三年法律第百號を以て公吏公署は官吏官署に準ずることと爲したるも、現今猶此外に議員委員等國家の事務に從事する職員多し、是等種々の職員は現行法に在ては一私人と看做さゝるを得ず、然るにこれ等の職員公衙等に關しては官公吏、官公署に關する規定を適用すべき必要甚切なり、故に本條を以て新に公務員及公務所なる用語を設け　官吏、公吏、法令により公務に從事する議員委員其他の職員を公務員とし、其職務を行ふ所を公務所とし、以て汎く國家の公務に從事する職員及び其職務を行ふ所に關する規定の必要を充たし、且つ其名稱を完ふしたるものなり。（前改正案第八條）

第八條　本法の總則は他の法令に於て刑を定めたるものに亦之を適用す但其法令に特別の規定あるときは此限に在らす

第二章　刑

○刑と題せし所以「平沼學士」　現行刑法に「刑名」とあるを本法に於て「刑」と改めし所以、現行法の「刑名」と云ふは第二章中の一節に爲つて居て徵償處分、主刑處分、附加刑處分などの節目を設けて居るけれども　本法に於ては主刑處分、附加刑處分等を總て第二章中に編入しあるを以て單に刑名と書くときは其意義を狹くするの嫌ひがある、故に之を概活せんがため「刑」と題したるのである。

第九條　死刑、懲役、禁錮、罰金、拘留及ひ科料を主刑とし

沒收を附加刑とす

○死刑の存廢「衆議員に於て死刑廢止修正説提出せられたれ共否決さる其論旨は」　第一死刑は之を存置す可き法律上の根據が更に無い、にも拘はらず之を存置して居るは野蠻時代の刑律の形を遺して居るので、法律の威信を段々に落すといふの外に意味はないことであらうと思はれる、國家は人を殺すものを非なりとし、これを蠻行と認め罰するの規定を設けて居る、己れ自ら蠻行と認め罰するといふ事柄を判斷しながら、それを制裁するに巳れ又國家の權力を以て此蠻行を敢てするといふは如何なる理由であるか「刑罰の基礎などを此處で論ずる必要もないが、理義の上に於て今日復讐の觀念を以て法を編み立てるは勿論不法である、然るに人を殺した者は死刑に處す、これは明かに復讐の觀念を以てするものといふの外はない、又死刑といふ刑を存置してこれに依て特刑の豫防若しくば一般の豫防の上に於て著しき效驗がある譯でもないのである、特別豫防の上から見れば人を殺す位な者は殺さるゝ位の覺悟はして居る、覺悟に對して覺悟同樣の刑を科するは　犯人に對して何の效もないのである、又一般豫防の上から考へて見れば、彼の者が人を殺したから若しくは甚しき大罪を犯したから死刑に處せられた、夫れ故我々も大に警戒をせねばならぬといふ感念は一般の人々の上に起るべき筈であるが、之に依て警戒の念を發するかといふにさうでない、特別豫防の場合と同樣な結果になる、少しも之に依て警戒の念を發することもなく警醒もしないのであるから一般豫防の上に於ても效果はない、それのみならず死刑といふもの程誤判の多いものはない、歐州諸國に於ても死刑廢止の必須理由として現はれて居るものは誤判の多いことである、一度誤判をしたら再び回復することは出來ない、即ち再審の途がない、其人一度死刑執行確定の後に於ては奈何ともすることが出來ない、微々たる刑罰に向つても再審の制度を立てゝ居るのである、然るに死刑の如き極刑に向つて再審の制度ありと雖も再審の理由を死刑執行後に發見せる場合には遂に如何ともすることが出來ない有樣になるといふことは、微罪に法律の恩典を厚くして大罪に法律の恩典輕きものといはねばならぬ、否な寧ろ何等の利益を授けぬものといはねばならぬ、若し萬一實際上これがなければ刑法典を行ふて國家の生存を支持する上に於てどうしても缺くことが出來ない、或は又死刑がなければ重き犯罪を制裁する途がないといふならばいざ知らず他に幾らも手段方法がある、故に此際死刑制度は全然廢止せられんことと熱望する今日實際の實例を見るも彼の伊太利の如き全然之を廢して居る、佛蘭西は昨年の議會に於て原則として死刑を廢すべきことを議決して居る英吉利は死刑制なるものを存置して居るけれど實際に於て之を行はぬ、亞米利加の中に於て五洲か六洲は確かに死刑を廢して居る、歐洲各國の立法例は此蠻刑を迎へぬことに注意して居る、刑法改正の聲が起つたなら、何れの國も死刑を廢止せんとする、獨乙刑法は死刑を存置すれども、而も議會に於て二讀會までは大多數を以て通過して三讀會に至つて僅に七名か八名の少數で以て存置することとなつて居る、此存置するといふ事柄に付いても大變な壓力を加へてビスマークが死刑を存置する刑法を維持せぬば國會を解散するといふことを斷言した爲めで、これに畏懼して遂に存置せられたのである、「存置必要說」理想上或は死刑は廢止すべきものたるや未だ知るべからざれとも我國今日の狀體より之れを看察すれば矢張り存置の必要がある、本來此死刑に就て一の恐る可きは誤判のあつた時回復が出來ぬと云ふ問題で死刑制度の生れし以來何れの國の法律家も之に付いては、一方は刑と罪と同等の苦痛を感ぜしむるといふ點に於て死刑程適切なものはないが、一方に於て若し誤判のあつた時には回復の途がないといふ實に危險なものであるといふので、終始問題に上つて居るのである、そこで現行刑法に於ても死刑を執行する場合には司法大臣より上奏の上御裁可を經て始めて執行せらるゝといふ手厚いことに成て居る、これは誤判の憂のない樣に努められたのであらふと思ふ、次に此改正刑法第二百條に依れば「死刑、無期懲役若くは三年以上の懲役」として、裁判上餘程事實の調査をせよといふことに出來て居る、加之不日施行法等も出來るとすれば死刑の執行に叮重なる手續を設くることゝ豫想せらるるのである、又此誤判といふことは成程佛蘭西の法律などては餘程この虞がある、佛國では重罪裁判に覆審制を採らない、「クールダッシール」といふ所謂倍審官が列席するのみで一審で確定する、上告の途を開てあるけれ共全く法律上の手續を誤つた場合に限るのであるから、此國に於ては誤判の虞が餘程あるやも知れぬ、之に反して日本に於ては誤判の虞は事實に於て全くないといふことができると思ふ、成程一審で死刑の宣告を受けた者が二審に於て無罪となつた例はあるが、誤判の實例を擧けて死刑を攻擊するとは幾んと出來ないと思うて居る、日本に於ては死刑に處すべきものを誤つて無罪にした例はあるかも知れぬが、誤判で死刑を執行したといふ事實は曾てない樣である、又死刑は蠻行だとの論あれ共、この論法からいふときは刑法は悉く蠻行といふことゝになる、即ち社會が他に取締る方法のないため終身人を縛つて置くとか五年七年人を縛つて置くといふ様な人の自由を傷くるべき野蠻な方法をやるから、成るべくはそういふことはやらぬ方が宜からうといふ論決になる、要するに理想より論ずれば刑法なるものは變則でいはゞ社會に刑罰權ありといふことも亦已むを得ぬより出で來たことで、此刑罰權を以て一時犯罪人を處理して往くのである、若し死刑制を理由がないものとずれば、刑罰全體に根據が無いと云はなければならないことになる、

〇一審に於て死刑の宣告を受け二審に於て判裁の變更されたる統計(修正說の參考として平沼學士說明)　明治三十三年乃至三十八年に於て　(イ)死刑を無期徒刑に變更したるもの六十八件、(ロ)有期徒刑に變更したるもの四件、(ハ)無罪免訴したるもの十四件、(ニ)重禁錮に變更したるもの一件、「一審に於て無罪免訴の言渡を受け二審に於て死刑に處したるもの」(同上)、明治三十三年乃至三十八

年に七件、「原裁判の無期徒刑を死刑に致したるもの」（同上）、明治三十三年乃至三十八年に十一件、「死刑囚の特赦の恩典に依り減刑せられたもの」（同上）、明治三十三年乃至三十九年に八件、「廢止論贊成理由　死刑存置論者の論據とする「我國今日の狀態云々」は極めて容認し難い理論である、凡そ死刑を最も多く適用せらるゝ犯罪は謀殺若しくは强盜殺人であるが、之等の犯人が犯行を敢へてするに方り先づ自己の生命を標價して然る後決意すると云ふ樣なものは實際に於て存在せぬと思ふ、人を殺す時の動機決意の依て來るところを精しく考慮するに其結果が死刑になる無期刑に爲る或は有期刑で濟むなどのことを省みて其爲すと爲さゞるを斷ずるものでは無い、多くは事實上思慮精神の自由を失つて居るのである、即ち法律に死刑制度のあるがために威嚇或は豫防の效力あるものと速斷することは出來ない、論者は我刑法第二編第一章の罪を引て死刑存置の現在必要理由とするけれ共亦た毫も眞價のある論旨とは思はれぬ、此等の事柄は我建國以來曾て起たことのない事例であるが而も刑法が死刑を科するがために死刑を以て威嚇したるがための效力でも何でもない、取りも直さす我國民の愛國心特に他の各國に比類なき皇室に對する忠義心が然らしむるのである、從て第二編第一章の規定が削られたからとて我國には斯かる事例があり得べきものでは無い、若し刑法第二編第一章の規定あるがために斯かる犯罪の事例が無いと云ふに於ては我國民の愛國心を誨辱すること甚しい、更に方面を轉じて極論すれば裏長家の女房を殺した者も死刑、第二編第一章の罪も死刑に該當すると定めて置て以て我國體は之あるがために維持されるのである、之あるがために我國の秩序が維推されるのであると云ふが如きは、寧ろ畏多いことであると思ふ、要するに死刑制度は之を存置したればとて決してために豫防或は威嚇の效力大なるものと云ふことは未だ斷定し難いのである。

○剝奪公權復活　「貴族院に此修正説提出數時間に渉ろ、論難ありたれ共」　（一）復活説の主唱は要するに「錮禁以上の刑に處せられたるものは總て公權を剝奪す」との原則的規定を設け置き、其次に公權剝奪の刑に處せられたる者は斯々の權利を奪ふ旨の規定を設くるを以て最も策の得たるものとする、彼の大權の行動云々に就て顧慮す可き所以無きにあらされ共而も刑法は一應天皇の御裁可を經て公布するのであるから甚しき支障も無いと云ふて可ならんとの趣旨に歸着する、（二）此修正に反對するものゝ主唱は要するに曾て政府委員が公權剝奪の法規削除理由として辨明したると同一趣旨なりき、（三）之に對して倉富博士は此法規削除辨明の補ひのため、「假へ此刑法典中に原則的規定を設けたれはとて實際上他の特別法令に於て種々に剝奪公權の事項を設けなければならないのであるから到底修正趣旨の如き其目的を遂し難い」と主唱して居る。

第十條　主刑の輕重は前條記載の順序に依る但無期禁錮と有期懲役とは禁錮を以て重しとし有期禁錮の長期有期懲役の長期の二倍を超ゆるときは禁錮を以て重しとす

同種の刑は長期の長きもの又は多額の多きものを以て重しとし長期又は多額の同しきものは其短期の長きもの又は寡額の多きものを以て重しとす

二個以上の死刑又は長期若くは多額及ひ短期若く

は寡額の同しき同種の刑は犯情に依り其輕重を定む

○主刑の輕重「法調」　本條は主刑の輕重を示したるものにして一見明瞭なるが如く思はるれども、若し現行法の如く此規定を闕如するときは、實際に於て疑義を生ずるを免れず、而してその第一項は異種の刑に付き第二項及第三項は同種の刑に付き輕重を定むるの標準を規定したるなり。（前改正案第十一條）

第十一條　死刑は監獄内に於て絞首して之を執行す

死刑の言渡を受けたる者は其執行に至るまで之を監獄に拘置す

○死刑の執行「法調」　本條第一項は死刑の執行に關する規定なり現行法に於ける此規定は「死刑は絞首す」とあれ共、本法は「絞首して執行す」と修正せり、其理由は絞首して生命を絶つことを明かにしたるものにして若し絞首に因りて一旦絶命したる後蘇生することあるも更に絞首して生命を絶つを要するを以て、此間に疑義の生ずるなからしめんが爲なり。

又現行法は本條第二項の規定を缺くが故に死刑の言渡確定したる後被告人を置く可き場所に付て疑義を生ずるの虞なき能はず、これ本法に於て第二項の規定ある所以なり。（前改正案第十七條）

第十二條　懲役は無期及ひ有期とし有期懲役は一月以上十五年以下とす

懲役は監獄に拘置し定役に服す

第十三條　禁錮は無期及ひ有期とし有期禁錮は一月以上十五年以下とす

禁錮は監獄に拘置す

○無期刑廢止「衆議院に如上の修正説提出せられ特別委員會に於て可決したれ共委員總會及本會議に於て否決す」

(一)廢止主唱論旨、無期刑なるものは死刑以上の悪刑である、死刑は瞬間に於て身首所を異にするのであるが、無期刑は命を終るまで日々刻々に刻まれつゝある殺されつゝあるところの極刑である、人をして絶望の淵に到らしむべき性質のもので、刑の目的は到底達することを得ないのである、暗黒と不自由、絶望と勞働と云へる如き有ゆる器械を以て徐々に締殺すのである、詰まり生命ある墳墓に外ならない、進歩せる此刑法典中に斯くの如き蠻刑を存置せしむべき理由那邊にかある、試みに司法の理事者、裁判官、司獄官等に就て聞く區に依れば、實際犯者が自暴自棄に爲つて兎に角無期以下の犯罪は自由に監獄内に於て犯すさうである、終身懲役なることを犠牲に供して居るからして如何に之を感化遷善の途に導かんとするも本人既に絶望の淵に沈んで一向之を省みることを爲さないから全く監獄の理事者は困つて居ると云ふのであつた、而も斯かる非難は敢へて新らしき譯でも無い　此故に古くより多くの刑法學者は死刑廢止より尚ほ大きな聲を揚げて此無期刑廢止を主唱して居る　甚だ畏多いことであるが彼の大赦、特赦等の制度に依て眞心悔悟せる無期刑囚を救濟する方法があるから云々との議論を耳にするけれ共併しながら　天皇の大權に屬する畏多き上奏權などを濫々するは甚だ喜ぶ可らざることである、若し之をも忍ぶ可れば寧ろ法律の上に於て明かに限定して居た方が適當である　未だ無期刑囚に關する精確なる統計は之を見るを得ないけれ共、無期刑囚にして廿年以上の生命を保つたものは今日まで多分一人もあるまいかと思はれる　果して然らば名は無期刑と云ふと雖事實は二十年以下の有期刑に外ならない、要するに無期刑なる制度は此場合斷然之を廢止するを以て至當とする

（二）無期刑囚の狀態「此修正說の參考として監獄事務官法學博士小河滋次郎說明」　予の監獄事務上の研究又は監獄當局の者から親しく聞く所に依れば無期刑囚の精神並に健康上に於ける狀況は他一般の囚徒に對して比較的不良なりと云ふことは統計の上に表れて居ない樣である、實際上無期囚であるがために精神病者を餘計に出すと云ふても無く又特に多くの死亡者を出すと云ふことでもないのである、彼の九州の三池監獄（舊集治監）は比較的無期刑囚を多く收容するところであるが最近十ケ年の調査に依ると十年間に於ける無期刑囚の數三千六百八十人大概一年平均三百六十八人、死亡者が百五十三人と爲つて居る元來此三池監獄は割合に精神病者を多く出す監獄であるが、夫れにも拘はらず

無期刑囚より十ヶ年間に一人の精神病者を出さなかつた。尤も此間に自殺囚を三人出したが而も之れが精神病の結果か何うかは未だ判然しない　又北海道十勝監獄に收容せる無期刑囚は最近十ヶ年に於て總數千八百十四人、內死亡者が四十八人、自殺者一人、精神病者は一人も無いのである、次に無期刑囚は他の有期刑囚に比して獄則に違背するものが少ない、尤も無期囚に對しては動もすれば自暴自棄に傾く虞れがあると云ふので多少特別の注意を拂つて扱ふからでもあらうが、兎に角克く獄內の規則を遵守する　北海道樺太監獄に於ける明治三十九年十月の收容現在囚徒八百五十の內無期囚四百三十一人であつたが　此多數の囚徒中同年一月乃至十月中旬に於て獄則違背の故を以て獄罰に處せられた件數が八百四人に對し僅かに六十六人であつた、轉じて直く側の札幌監獄の同年十月現在收容せる囚徒總數九百二人、　内長期重罪囚は一人も居らぬが　此九百二人の短期囚中獄則違背の故を以て懲罰に處せられた件數は同年一月乃至十月中旬に於て二百七十三件であつた　之等一二の實例に依て見るも長期或は無期刑囚は短期刑囚よりも比較的素行善良であることが判る　現に吾國の當局者及外國の當局者などより長期囚は短期囚よりも却て取扱ひ易ひとの聲を聞き得るのである　要するに無期刑囚と雖も多少の希望を有して居て其行狀も比較的謹愼なのであると云ふことが斷定し得られる　夫れから獄内に於ては彼等に多少の希望を懷かしめる手段として行狀の善良なるものに賞票を與へる例に爲つて居るが此賞票は無期囚が比較的多く持つて居る、　現に樺太の監獄などでは行狀の善い無期刑囚の一人に獄内の理髮夫を遣らして居つた、　固より鬚を剃り髮を摘むと云ふ樣な仕事は餘程信用を拂ひ得る囚徒にあらざれば使用することは出來ない、尙又無期刑囚にして二十年以上監獄生活を續けたものは一人もあるまいとの憶說もあつたけれ共現に二十四五年監獄生活を續けた者を實見(小河事務官)したことがある、又無期刑囚の健康狀態に就ても大體に於て惡いと云ふこともない樣であるから必しも二十年以上監獄生活が出來ないとは言ひ難いかと思はれる。

第十四條　有期の懲役又は禁錮を加重する場合に於ては二十年に至ることを得之を減輕する場合に於ては一月以下に降すことを得

〇本條と前二條及第五十七條の「長期の二倍」との關係、即ち第五十七條の長期の二倍とは本條二十年の二倍なりや將た前二條の十五年の二倍なりや　「倉富所說」　第十二條及第十三條の規定に依り有期懲役と有期禁錮は共に其短期は一月、長期は十五年とすとしてあつて、是は絶對の規定になつて居る、如何なる場合でも十五年を越ゆることはない、而して此第十四條は此二條を承けて前二條の刑期は通常の場合の刑期であるから若し加重する場合には二十年までは上ぼせても宜いと云ふことを規定したので、謂はゞ第十二條第十三條は共に原則的規定で本條は例外と云ふやうな規定になつて居る、從て第五十七條の「長期の二倍以下」と云ふことは第十四條の制限も承けて二倍以下と讀むが當然であらう、成るほど單純に有期懲役の二倍以下と云ふ勘定は三十年以下と云ふことになるが、第五十七條の規定は決して其三十年と書いたのでは無いのであるから、第十四條の制限に觸れない範圍に於て長期の二倍と讀むが當然ではないかと思ふ。さう云ふ意味を以て第十四條は設けられたのである。

第十五條　罰金は二十圓以上とす但之を減輕する場合に於ては二十圓以下に降すことを得

第十六條　拘留は一日以上三十日未滿とし拘留場に拘置す

第十七條　科料は十錢以上二十圓未滿とす

第十八條　罰金を完納すること能はさる者は一日以上一年以下の期間之を勞役場に留置す

科料を完納すること能はさる者は一日以上三十日以下の期間之を勞役場に留置す

科料を併科したる場合と雖も留置の期間は六十日を超ゆることを得す

罰金又は科料の言渡を爲すときは其言渡と共に罰金又は科料を完納すること能はさる場合に於ける留置の期間を定め之を言渡す可し

罰金に付ては裁判確定後三十日内科料に付ては裁判確定後十日内は本人の承諾あるに非ざれば留置の執行を爲すことを得す

罰金又は科料の言渡を受けたる者其幾分を納むるときは罰金又は科料の全額と留置日數との割合に從ひ其金額に相當する日數を控除して之を留置す

留置期間内罰金又は科料を納むるときは前項の割合を以て殘日數に充つ

留置一日の割合に滿たさる金額は之を納むることを得す

○留置處分 「法、調」 罰金は金額を徵收するを目的とする刑罰なるを以て若し被告人財產を有せざるときは其目的を達する能はず、此場合に於て採るべき方法二箇あり、其第一方法は現行法の所謂換刑處分なれ共此方法は、結局財產あるものは換刑を免るるを得て、財產なきものは常に必ず自由刑に處せらるるの不幸を見るのみならず、罰金を以て輕禁錮に換ふるが爲めに國家は却て幾分の經費を損失し、被告人は徒らに獄中に呻吟するに止り、罰金刑本來の趣旨を沒却すること甚し、玆に於て本法は第二の方法を採りて罰金を收むること能はざる被告人は唯之を勞役場に留置して其自由のみを制限し又情況に依り勞働に從事せしめ、これより生じたる利益を以て罰金の幾分に充つることを目的としたるものなり。

○罰金を納完せざる場合「法、調」　現行法は罰金を納完すると否とを本人の自由に委ねたるを以て財産ある者と雖換刑を請求するに至り罰金刑本來の目的に反するの弊を生ず、故に本法は之を改め財産あるときは必ず金錢を納めしめ、財産なきときに限り初めて拘留の處分に出ることとせり、又現行法は金額と禁錮の日數との割合を定め、一日一圓に拆算すと規定したるを以て、若し罰金額多き時は勢その一部を事實上拋棄するの結果を生ず、故に本法は之を改めて裁判所をして罰金の額に應じて適宜に留置の日數を定めしむることとしたり、又現行法は禁錮の期限を二年に限りたるも、近來の立法例は之を短縮するのみならず、實際上酷に失する虞れあるを以て本法は之を一年に短縮したるなり、又現行法は罰金納完の日限を一ヶ月と定めたれども、本法は必しも一ヶ月を俟たず本人の承諾あるときは裁判確定後直ちに留置の處分を爲し得ることとせり、又現行法は換刑手續を定むるれども本法は之を削り刑事訴訟法の規定に讓ることとせり。

（前改正案第一編第十六章）

第十九條　左に記載したる物は之を沒收することを得

一　沒罪行爲を組成したる物

二　犯罪行爲に供し又は供せんとしたる物

三　犯罪行爲より生し又は之に因り得たる物

沒收は其物犯人以外の者に屬せさるときに限る

○沒收し得可き物「法調」本條第一項の二號は現行法の犯罪の用に供したる物件といへるを修補し、犯罪行爲に供したる物及び之に供せんとしたる物の二者を包含せしめ、以て一方には沒收物の意義を明かにし、一方には其範圍を廣めて犯罪の準備に屬する物件をも沒收するを得ることとしたるなり、第三號は現行法に犯罪により得たる物件といへるを改めて、沒收物の意義を充分明瞭ならしめたるものとす、又本條に沒收することを得と規定したるは、若し必要なきときは之を沒收せざることとなしたるものにして必竟其價値なきものを沒收するは徒らに無用の手數を增すのみなるを以て、之を避けたるに外ならず。

（編者曰く本條第二項第一號は現行法に於て單に法律に於て禁制したる物件といへるものと前刑法改正案に法律に於て所有を禁じたる物件といへるを參酌して犯罪行爲を組成したるものと補正したるなり）

○第二項の意義「倉富所說」 「第二項に沒收は其物犯人以外の者

に屬せざるときに限る」とあるは犯人以外の者の所有に屬せざるときに限ると云ふ意義であつて即ち占有又は所持と云ふことには少しも關係がない、專ら所有權のみを眼中に置いたのである、而して犯人所有の物以外に就て沒收の必要あるときは行政處分を以て機宜に之を取上げる方針なのである、之れ畢竟沒收なるものは一の刑罰であるから犯人以外の者に追及するは刑罰の本旨に反し、且犯人は何等痛苦を感じないが故に斯く規定するの必要がある。

○沒收刑の削除 「衆議院に於て第九條審査の際此修正説提出されたれど否決と爲る修正説の論旨は」 既に本法が他の附加刑を悉く削りたる以上は獨り沒收だけを存置するの必要は無い、之に代る可き方法として裁判力に依らず行政の處分を以て沒收すれば夫れで足りるのである、現在も之等に關する單行法が多く出來て居る、元來沒收なる刑は或部分に於ては全く必要がなく或部分に於ては極めて不理窟なる刑名である、此第十九條の第一に掲げたる「犯罪行爲を組成したる物とは其大部分に於て法律が所有又は占有を禁じたる物件である即ち吾人の財産では無い、財産でない物件を沒收して之が財産刑であるとは何事であるか、殊に犯人以外の取得者よりは行政處分で之れを取上ぐるものなるに反し犯人の手に存するときは一の刑罰を以て取り上ると云ふ樣な區別を設くる根據は何くにかある、第二號の「犯罪供用の物件」も一旦之を取上たからとて之と同樣の物件は直ちに求め得らるるのであつて、刑罰としては如何にも馬鹿らしい行政處分で充分である又第三號の「犯罪行爲に依て得たるもの、犯罪行爲より生じたる物」、之れは稍々沒收刑とするの必要を認め得らるれ共、併し之とて態々刑法典中に刑法として揭げ置くの必要切なものでは無い、他の單行法に一二ヶ條の規定を設くれば事足るのである、要するに沒收なる刑を刑法典中に存置するは絶體に其當を得て居ないと云はなければならぬ。

○犯罪行爲を組成したる物の意義「平沼學士」　犯罪行爲を組成したる物とは所謂罪體と爲りたると云ふの意義であつて、固より所有を禁じたる場合も這入るけれ共、また所有權の目的と爲り得る物も、或は輸入を禁ずるとか或は單純に所持を禁ずると云ふ樣な場合も這入る、斯かる場合には勿論所有權の剝奪に爲る、また所有を禁じたる物件は之を沒收したからとて所有權剝奪にはならないけれ共併し現に所持して居る占有して居る、之を奪ふと云ふことは矢張り權利の剝奪に爲る、尤も學說上所持を奪ふとか占有を奪ふとか云ふことと即ち現在狀態の變更を權利の褫奪と云ひ得可きか否やに就ては議論の存する所なるへけれ其本法は之を一の權利褫奪と見て居るのである。

第二十條　拘留又は科料のみに該る罪に付ては特別の規定あるに非されは沒收を科することを得す但前條第一項第一號に記載したる物の沒收は此限に在らす

第二十一條　未決拘留の日數は其全部又は一部を本刑に算入することを得

○本條の規定を要する所以「倉富所說」　現行法は上訴の結果に依て或は未決拘留の日數を刑期に算入し、或は之を算入せない事に爲つて居る、此規定は甚だ適當で無い、また實際の結果に於ても面白くない、夫れ故本條の如く修正したのである、併しながら未決拘留には其日數に長短あり、又未決拘留を要した事情にも差異あるを以て、其算入方法を法律を以て一概に限定し置く譯に行かぬ、前の改正案は三日を以て一日に充てる四日を以て一日に充てるとか云ふ如き規定を設け居たけれ共、此法全體が成るべく右の如き窮窟なる規定を避けて居るのであるからして、此算入法に就ても矢張り裁判所の裁量に委ねるが適當ならんとのことからして本條の如き規定を設けたのである。

○未決拘留日數加算の趣旨「平沼學士」　未拘留の日數は勿論刑として加算するの意味ては無い、之を斟酌して刑期を加へる、即ち未決拘留日數を刑期から引て遣ると云ふ趣旨である、而して前の案には之を「刑の計算」の章中に規定しありたるを此法は「刑の中に編入した其所以は爲めに刑の内容に影響を及ぼす規定と爲るからである。

○未決拘留日數加算の裁判を爲すの時期「同上」　多くの場合に

於ては本刑の判決と同時に言渡すことゝ爲るけれ共、併し必ずしも實體上の裁判と別々に言渡すことを得ないのではない、控訴審に於ても上告審に於ても加算の裁判を爲し得るのである、之等は總て手續の問題に屬するへけれ共、決して本條あるがため右に反對の論決を下すことは出來ない。

○算入日數の計算表準「倉富所說」　未決拘留日數算入の標準に就て前の改正案には四日を以て一日に數へるとか、或は三日を以て一日に數へると云ふやうな極く限定したものになつて居つたけれ共如何にも適當でない、矢張り刑期の長短を裁判官の裁量に任せる以上は此算入のことも其事情、或は未決拘留の長短を實際の事情に應ずるやう裁判官の斟酌に委ねる方が當を得て居ると思ふ、故に前の案を殊更に改めて斯くの如き規定にしたのである。

○未決拘留日數の算入は之を法律主義とするを可とす「衆議院如上の修正説提出せられ特別委員會に於て可決したれ共委員總會及本會議に於て否決す」　（一）修正説論旨　之を外國の立法例に見るに或は裁判主義とする國があり、或は法律主義とする國が有て未だ一定して居らないけれ共、我が現行刑法は被告人上訴の結果に依りて必ず未決拘留日數を算入することにして居る、又前の改正案も同じく先つ法律主義を採つて居る、即ち我國の法制は不完全ながら法律主義なる沿革を持つて居るのである、また實際に於て現在の裁判官に之を一任し置くは危險が多い、元來被告人を拘留するは治罪上止むを得ざるに出でし救濟策であつて而も裁判所の都合上長年月拘留して置く樣な塲合も間々あるではないか、然らば其加算日數の量は之を裁判官の斟酌に一任するとしたところが、刑法の主義としては國家が取調の都合上被告

人を拘留したる時日の内假へ一日たりとも之を本刑より引き去ると云ふことに規定して義を徹底せしむるが當然なのである、

〔三〕反對論據　未決拘留の日數に長短あるは實際種々の事情に依るのであつて其日數の重なるは事實悧量すべき場合もあるべけれ共、而も事全く被告人の責に歸すべき場合もあるからして矢張之を加算するとせざるは裁判所の裁量に委ぬるを適當とする、若し否らざるときは極端の例を引用すれば僅かに一二日拘留しても之を差引くと云ふ樣なことになる、到底法律を以て必ず加算すと極め置くは妥當とは云はれぬ、また修正説の如くするも其日數は每に裁判所の自由裁量に一任するでは無いか、加之必ず未決拘留日數を本刑に加算することゝ定め置くときは犯罪の檢擧其他の場合に於て先づ其犯罪の刑期如何を豫測して事に當らざるを得ない樣な狀況も生して來るし、判決を言渡すにも爲めに或は刑期の盛り方に響きを起すやうな結果に至るやも測り知れないのである。

第三章　期間計算

第二十二條　期間を定むるに月又は年を以てしたるときは暦に從ひて之を計算す

○暦に從ふと改めたる理由「倉富所説」　前の改正案及現行法は「一日と稱するは二十四時間を以てし一月と稱するは三十日を以てし一年と稱するは暦に從ふ」と云ふ事になつて居るが、第一、刑法上に於て二十四時を以て一日とすると云うやうな規定は殆んど必要がないのである、一月と稱するは三十日を以てす、是れまた適宜に定めたゞけのことゝて、實際の月でもないのである。

而して實際は何うかと云ふに、矢張り暦の通りで月の半ばで始まつたならば翌月の半ばまで、月の一日から始まつたならば其月一ぱいを一月として何も差支ないやうである、何も殊更に期間の年月に異なる計算法を用ゐる必要はない、民法の方でも殆ど斯の如き計算法を用ゐて居る、尤も場合に依て暦の通りでは少し都合の惡いところもあるけれ共、右樣な場合には特に月を以て勘定せずして、此法の中にも三十日と云ふ規定を設けた箇所がある、例へば十八條の「一日以上三十日」或は「留置の期間は六十日を超ゆることを得ず」其次「裁判確定後三十日内」云々、「罰金に付ては裁判確定後三十日内」云々と云へる如く其必要ありと認むるときは總て日に改めて居る、其他の箇所には特に一月を三十日にしなければならぬ必要はないかと思ふ。

「議員」本法は有期の刑は一月以上と極つて居るが若しも法律上酌量減輕する場合

に一月を二分するには何で割るのであるか、一年を二つに割るときは初等數で二分するから克いか一月、二月、五月などは何うして二分するか、何う判決するか、如何にすれ其判決が違法になるかならぬか、「平沼、答」詰り曆に從ふと云ふ上は最長の月乃ち三十一日の半數以下に減すると云ふことは事實上裁判官は爲し得ぬことになるだらうと思ふ、最短の二十八日も其半數以下に減すると云ふことも裁判上に於ては出來ない結果にならうふと思ふ、「議質」二月の月に判決する場合に二月は二十八日であるから減等して十四日に處すと云ふのが何故違法なるや、何を以て一月は曆に從ふとの規定に背くや、「平沼、答」斯かる解釋は少し法律論としては窮窟になりはせぬかと思ふ、總ての場合に通することに定め置かなければならぬ、併し是は解釋論であるから反對の說に必ず餘地がないとはいはれない、「議質」三十一日、二十八日、三十日と云ふ疑點を生ずるものを態々月は曆に從ふとして置くのと、現行法の如く三十日にして何等の疑を生じない樣に極めて置くのと、何う云ふ實益があり、何う云ふ法律上の進步があるか、「答」別に進步ではない詰り同じである、唯計算上曆に從ふのが便利であつて、三十日とすれは勘定が面倒に爲るのである、特に現行法上監獄に於て刑期計算に疑を起すは三十日として居るからである、曆に從へば一日から計算するものなら月末に爲り月の央はから計算すれば翌月の前日で終ることに爲つて、疑を生ずる慮がない樣に思ふ、民法でも曆に從ふことになつて居る。

第二十三條　刑期は裁判確定の日より起算す

拘禁せられさる日數は裁判確定後と雖も刑期に算

入せす

○刑期の起算「法調」　現行刑法は第五十條に於て裁判確定後にあらざれば執行せざることを規定し、第五十條に於て刑期は刑名宣告の日より起算することゝなし、特に上訴の場合に關し詳細の規定を設けたり、然るに第五十條の如き規定は殆ど當然の事理にして別段に明文を要せざるを以て之を刪除し修正案は第一項に於て刑期の起算日を改め裁判確定の日よりすることとなせり、是れ一方には裁判確定後に非ざれば執行せざることを示し、他の一方には上訴に由て以て萬一の僥倖を射んとするの弊を防遏せんとするものなり、抑現行法によれば檢事が上訴するときは常に刑期は前裁判宣告の日より起算し被告が上訴して其上訴正當なるときも亦前判宣告の日より起算することゝ定めらるゝを以て縱令檢事が上訴して前判決は不當となるも被告人は却て之が爲めに未決拘留の期間延長し、不當の利益を受くることゝなり、又被告人の上訴したる場合に於ても僅かに手續に於て小瑕瑾あるが爲めに其上訴正當となり、其間に受けたる未決拘留の期間は時としては刑期より長きことありて、被告は刑の宣告を受くるも全く其執行を免るることあり、或は少くとも判決拘留の日數を刑期に算入するが爲めに大に其執行の日數を減殺せられ從て不當の利益を受くるに至るを以て現時に在ては被告人の上訴は其數甚だ多く、萬一を期して以て苦役を免れんとする弊を生ず、故に之を矯正せんには刑期は必ず裁判確定の日より起算すとなすを以て適當なりとす。（前改正條第廿八條）

第二十四條　受刑の初日は時間を論せす全一日として之を計算す時效時間の初日亦同し

放免は刑終了の翌日に於て之を行ふ

○本條第一項の規定を要する所以「議員」前の案に依れば「期間を計算するに一日と稱するは二十四時を以てし」とあるからして本條第一項の規定の必要は一目瞭然であるけれども、一日は二十四時を以てすと云ふ規定が削られた、此法でも矢張り此規定は必要なるか、「倉富、答」大抵拘留の外は刑期は月になつて居るが、矢張り幾分の疑ひはあるであらう、例へば午後に監獄に入れられたからして假令十日と云つても十一日目の晝まで繋いで置かなければならぬかと云ふ疑ひはあるので、殊に二項の方は「放免は刑期終了の翌日に於て之れを行ふ」とあるから旁々其喚起しとしても此一項の規定は置いた方が適當であらうと思ふ、

○猶豫制の起因「法詞」　刑法の目的は犯罪を防遏するに在り然れども犯罪必罰は未だ必らずしも防遏の目的を達す可きものに非ず　蓋し犯人の種類は千態萬狀にして盡く極惡人を以て目す可からざるものあり、或は一時の感情に制せられて罪を犯すに至る者あり、或は社會の境遇に驅られて罪辟に陷いる者あり、凡そ此等の犯人は一旦法律の罪人と爲ると雖も再び善良の民たることを得べからざる者に非ざるなり、然るに刑法は常に之を罰して假借する所なく惡人と共に牢獄に投じて顧みる事なきときは則ち良民も亦惡人の爲めに犯罪の敎授を受けて而して忽ち不良の性を養成するに至る、特に短期の自由刑に至りては懲戒の目的を達することと甚だ困難にして、而して却て獄中の惡風に感染することと却て容易なり、牢獄に出入したるが爲めに不可治の犯人と爲りたる者殆んど其幾千なるを知らざるなり、是れ實に短期刑の通弊なり、此通弊を除くには短期刑に處せられたる者をして牢獄に投ずることなくして、而して懲戒の目的を達するの方法を講ずるに如くはなし、其方法は則ち刑の執行の猶豫にあり、此方法に因れば一方に於ては犯人を罰して而して恕する所なきを以て犯罪必罰の趣旨に背かず他の一方に於ては其刑の執行を猶豫して而して犯人をして善行に遷るしむるを以て犯罪防遏の目的を達するに足る　是れ修正案に於て新に本節の規定を設くるに至りたる理由なり。（前改正案第一編第三章第三節）

第二十五條　左に記載したる者二年以下の懲役又は禁錮の言渡を受けたるときは情狀に因り裁判確定の日より一年以上五年以下の期間内其執行を猶豫することを得

一　前に禁錮以上の刑に處せられたることなき者

二　前に禁錮以上の刑に處せられたることあるも其執行を終り又は其執行の免除を得たる日より七年以内に禁錮以上の刑に處せられたることなき者

○罰金刑に執行猶豫の利益を及ぼすべし「衆議院に於て修正說提出せられたれ共否決さる」　此法は極めて撰擇の方法を採て、禁錮又は罰金、徴役又は罰金と云ふ如く爲つて居る、同一の罪質に科せらるゝ刑としては體刑、金刑敢て擇ふ所は無い、然るに體刑には執行猶豫があり、金刑には執行猶豫が無いと云ふは不權衡たるを免れない、又撰擇刑たると否とに拘はらず罰金刑は之を完納せざるときは毎に體刑と爲るではないか、殊に罰金に執行猶豫の利益を及ぼすは實際上大に實益の生ずる場合がある、假へば酒造違反の罰金何十萬圓に科せられたる者が別に他の犯罪のため何百圓、何十圓の罰金に處せられたりとせんか、若し其何十萬圓の罰金を完納せざるの故を以てどし／＼留置の處分を爲すときは勢ひ他の幾百圓、幾十圓の方も納完せないことゝ爲る、之に反し若し何十萬圓の罰金に執行猶豫を爲し遣るときは他の幾百圓、幾十圓の罰金は勢ひ之を完納することゝなる、刑の目的の理論は別であるが實際上國庫の收入を殖する點に於て實益がある、「平沼所說」罰金刑に執行猶豫の利益を及ぼさゝる理由は前に大體に通ずる質問の際之を說明せし如く、元來刑の執行猶豫と云ふことは輕い重いと云ふ問題には拘はらぬので、拘留科料の如き罰金よりも更に輕いが矢張執行猶豫は致さない、而して罰金の如きも勞役場に留置して執行する場合は拘留と同じく行政處分で出場を許すことに爲つて居るから左程不權衡はないと思ふ　次に罰金に執行猶豫の利益を及ぼすは取立の上に於て便利があると云ふ點に付ては或は然るや知れされ共　併し本法の規定は本人が罰金を納めざればとて實際財産を有する者よりは之を取立るの方法を充分講じ得ることに爲つて居るのであるから、　二箇の罰金刑の言渡ありたるときに一方に執行猶豫を與へて他の方の罰金を容易く取立る樣にせんとするの方法は大した利益のあるものとも考へられぬ、　「議、質」體刑と罰金と併科せる場合に一方には執行猶豫が出來て一方には執行猶豫が出來ない、　其結果第二十七條の規定に依り體刑を言渡されたる犯罪は全部消滅するに拘はらず、　罰金を言渡したる半面あるがために其罪は殘て居ると云ふことにはならざるか、　「平沼、答」本法は贓物收受の一ヶ條丈け體刑と罰金とを併科して居る、此場合今の發問の點に付て多少解釋の餘地はあるかも知れぬが、本法の趣旨は此場合に於ては禁錮の言渡の半面丈けの効力を消滅せしむると云ふ趣旨である。

第二十六條　左に記載したる場合に於ては刑の執行猶豫の言渡を取消すべし

一　猶豫の期間內更に罪を犯し禁錮以上の刑に處せられたるとき

二　猶豫の言渡前に犯したる他の罪に付き禁錮以上の刑に處せられたるとき

三　前條第二號に記載したる者を除く外猶豫の言渡前他の罪に付き禁錮以上の刑に處せられ

たること發覺したるとき

○刑の執行猶豫の言渡後に於ける包藏罪の發覺「平沼學士」　本條第二號「猶豫の言渡前に犯したる他の罪に付き禁錮以上の刑に處せられたるとき」と云ふは　無論包藏罪も含まるゝのである或は此包藏罪が前の裁判言渡と同時に發覺したる場合には、猶豫の恩典になつたものかも知れないのであるけれど　併しながら、　前に裁判を受ける際に、　詐り包藏して居つて、　それが猶豫の言渡を受けた後に發覺する、　さうしてそのために禁錮以上の刑に處せられるといふと其猶豫の言渡を取消さなければならぬ結果になるのである、　其得失に就ては議論があるかも知れぬ、而して此場合に包藏罪に對し裁判を爲すときは既に所謂前に禁錮以上の刑に處せられて居るからして、　最早之に執行猶豫の恩典を及ぼすことは出來ない結果となる。

第二十七條　刑の執行猶豫の言渡を取消さるることなくして猶豫の期間を經過したるときは刑の言渡は其效力を失ふ

○執行猶豫の效力「法調」ニ　本條は刑の執行猶豫の効力を規定したる者なり、乃ち刑の執行猶豫の期間內其言渡を取消さるることなくして之を經過したるときは其刑の言渡の効力は當然消滅するものとす、是れ本制度の最も主要なる點にして之に因り一旦不幸にして犯罪者となるも其後一定の期間謹愼の狀況に在るときは法律は之を以て全く改悛したるものとして其罪を問はす、從て犯人も犯罪者たるの汚名を免れ純白の人を以て世に處することを得るものなり。（前改正條第三十四條）

第五章　假出獄

○假出獄の規定を本法に輯る所以「平沼學士」

假出獄は其性質純然たる行政處分であるけれ共、併し懲役禁錮は監獄で之を執行すると云ふことになつて居る、又拘留は拘留所で執行すると云ふことになつて居るのである、然るに此假出獄なるものは其點に變動を生ずるからして、結局刑の內容に關する所の問題になるのである、故にどうしても刑の內容を取締るところの刑法に之を輯めなければならぬと思ふ。

第二十八條　懲役又は禁錮に處せられたる者改悛の狀あるときは有期刑に付ては其刑期三分の一無期刑に付ては十年を經過したる後行政官廳の處分を以て假に出獄を許すことを得

第二十九條　左に記載したる場合に於ては假出獄の

處分を取消すことを得

一　假出獄中更に罪を犯し罰金以上の刑に所せられたるとき

二　假出獄前に犯したる他の罪に付き罰金以上の刑に處せられたるとき

三　假出獄前他の罪に付き罰金以上の刑に處せられたる者にして其刑の執行を爲す可きとき

四　假出獄取締規則に違背したるとき

假出獄の處分を取消したるときは出獄中の日數は刑期に算入せず

第三十條　拘留に處せられたる者は情狀に因り何時

にても行政官廳の處分を以て假に出場を許すことを得

罰金又は科料を完納すること能はざるに因り留置せられたる者亦同し

第六章　時效

第三十一條　刑の言渡を受けたる者は時效に因り其執行の免狀を得

○時効の進行が欠席裁判に係るとき「倉富所説」　時效の進行に就て現行法第六十一條は闕席判決の場合には判決宣告の日より起算すると云ふ特別規定を設けて居るけれども、此法では斯かる規定を削除した、是はまだ未定のことであるから、確と明言する譯にも行かぬが此法起草のときの考では、どうも闕席判決と云ふものが誠に弊害の多いものであるから、先づ成るべく闕席判決をしない考であつたのであるが、唯今一應調査を終つて居るところの刑事訴訟法の改正には全く闕席判決と云ことを廢めて居る、それ故此刑法に於ても闕席判決と云ふことは先づ見て無い積りなのである。

第三十二條 時效は刑の言渡確定したる後左の期間内其執行を受けさるに因り完成す

一 死刑は三十年

二 無期の懲役又は禁錮は二十年

三 有期の懲役又は禁錮は十年以上は十五年、三年以上は十年、三年未滿は五年

四　罰金は三年

五　拘留、科料及ひ沒收は一年

第三十三條　時效は法令に依り執行を猶豫し又は之を停止したる期間内は進行せす

○時效進行停止「法調」　時效は不法に刑の執行を免れたる者の爲之を設くるものなれば正當に其執行を免れたる日數は之を時效期間に計算することを得す、之れ本條の規定ある所以なり。

（前改正案第四十條）

第三十四條　時效は刑の執行に就き犯人を逮捕したるに因り之を中斷す

罰金、科料及ひ沒收の時效は執行行爲を爲したるに因り之を中斷す

○時效の中斷（同上）　本條は刑の時效中斷の規定にして、第一項は現行法と同しく刑の執行に付き犯人を逮捕したるときは之を以て中斷の原因となせり、然るに現行法は此外尙ほ檢事より逮捕令狀を發することを以て中斷の原因と爲すと雖も其理由に乏しく、却て或は不公平の結果を生し、或は到底時效期間の到來することなく、全く時效を設けたる主旨に戾るの虞あるを以て修正案は之を刪除せり。

本條第二項は財產を徵收す可き刑の時效の中斷方法にして、此等の刑は若し其全數を分ち數回に分納せしめんとせば未だ之を完納せざる前旣に時效の成就する虞あるを以て本案は此等の場合には時效は刑の執行行爲に因り中斷せられ、從て常に最後の執行行爲より進行を始む可きことを規定したるものなり。（前改正案第四十一條）

第七章　犯罪の不成立及ひ刑の減免

○題名の趣旨「法調」　現行法は不論罪及び減輕の語を以て事實の罪と爲らさる場合及び罪となるも其刑を免し若くは之を減輕する場合を包含せしめたり、然れども其意義明瞭を缺き往々にして疑義を生じたることあるを以て修正案は之を改めて罪とならざる場合は之を犯罪の不成立とし、刑を免し若くは減輕する場合を以て刑の減免と爲したり。（前改正案第一編第三章）

第三十五條　法令又は正當の業務に因り爲したる行爲は之を罰せす

○本條の規定を必要とする所以「平沼學士」　本條の要不要に就ては異論のある事であらう、併しながら此「法令に依る行爲」と云へることに就ては事實上疑を生じないと限らぬのである、假へば官吏が長官の指揮に依つて或行爲を爲したるとき長官の命令違法なりとせんか直ちに屬官の行爲は之を罪とす可きや否やの疑を生ずることゝ爲る、故に矢張り之れ等の場合を解決すべき法文を設けて置く方が理論としてはいざ知らず、實際に於ては便宜なのである、又正當の業務なる語も之と同樣往々疑を生するのである、例へば相僕又は柔術などで人を傷けたと云ふ如き場合にも何等據るべき法文なきとは直ちに之を罪とすべきや否やの問題が生じて來る、要するに本條の如きは縱令之あるも別に支障の無い條文であるから、實際の必要上斯かる疑問を避くるため之を存置するを寧ろ至當とするのである。

○業務の意義「同上」　此業務と云へる文字は、他の場所に於ては多くは職務を含むことになつて居るけれ共、本條に於ては職務行爲は上の法令の中に這入るのであるから業務なる語より自然に職務行爲は除外されることとなる。

第三十六條　急迫不正の侵害に對し自己又は他人の權利を防衛する爲め已むことを得さるに出てたる行爲は之を罰せす
防衛の程度を超えたる行爲は情狀に因り其刑を減輕又は免除することを得

（草案第三十六條第一項、防衛の程度を超へたる行爲は狀情に因り其刑を減輕又は免除す）

○修正のヶ所「法調」　現行法は防衛の主體を生命、身體、財產等に制限したりと雖も本法は尚其他の權利をも保護すべきものと認め廣く自己及び他人の權利の防衛に關する規定を設けたり。
現行法は防衛す可き侵害の程度に付きては其規定頗る不充分に

して第三百十四條但書に於て不正の行爲に依り自ら招きたる暴行に非らざることを示すのみなるを以て本法は亦此點を明確にし侵害の急迫にして不正なるを要することを規定し從つて第三百十四條の但書は其必要なきを以て之を删除したり。（前改正案第四十六條）

○草按の減輕免除す。の意義「倉富所説」　防衞の程度を超へたる行爲は之を罰すると云ふのが原則になつて、情狀があつて初めて或は其刑を輕減し或は免除することになる、結局其の處分は三通りにならなければならぬ、こゝには減輕又は免除することを得とは書いてないけれ共、實際は其刑を減輕し又は免除するを得と云ふことになるのである、尤も第六十六條には「犯罪の情狀憫諒す可きものは酌量して其刑を減輕することを得」と云ふ文字を用いてあるけれ共、是は其前に「犯罪の情狀憫諒す可きものは」と云ふやうな風に書いて參たものであるから、下の方に關係することで「得」となつて居るのである、其趣意に於ては矢張り同一にどちらも絕對に減輕又は免除すると云ふのでは無い積りである。

○第三十六條第二項第三十七條第一項及第三十八條末項の各末尾に「ることを得」の五字を補修す「貴族院は上の如き修正說を可決し、之に對し衆議院に於て原案復活說提出せられ特別委員會に於ては一旦復活說可決せられたれ共委員總會及本會に於て貴族院の修正に同意せり」

（二）貴族院の修正論旨、此「狀情に因り其刑を減輕す」とか「減輕又は免除す」とか云へる言葉は二樣の意義に解せらるゝことがあるらしい、而して多くの人は起草の趣意に違つた解譯を採ることにならうと思はれる、即ち情狀に因て減輕か將た免除かゞ決まるのであつて兎に角どちらかはせねばならぬと斯う云ふ解釋を採る人が多くあらう、實際無理もない解釋だと考へられる、然るに原案の趣意は情狀あれば此二つの中のどちらかが出來ると云ふのであつて、本則は減輕も免除もしないと云ふ趣意に相違ない、して見れば誤解の生じないやう明瞭に「減輕又は免除することを得」と書いたら宜からうと思ふ、是までの改正案は即ち其通りになつて居つて既に本院を通過したこともある、又此法に於ても第三十條などは「情狀に由り云々」、「假に出場を許すことを得」と書た箇所がある、尤も減輕と免除と併記してない場合は事實上間違を生ずることもあるまいけれども、併し用語を一樣にして正しくした方が宜い、殊に減輕と免除と列んで書いてある場合は前述の誤解を生ずることにもならうと思ふ、少しも實質を變更するのでない、唯文章を明瞭にする爲に此三ヶ所に「ることを得」と云ふ五字を追加したいのである、「反對論旨」此主張は意味を變へるので無くして其意味を明かにする趣意であつて更に效用のない說である、第三十八條に於て「但情狀に因り其刑を減輕す」と云ふを何の疑もなく起草の趣旨と同一に解せらると云ふ以上は、それか減輕はかりでなく免除と云ふ文字が加はるから解釋に疑を生ずとは思はれない、文字が二つ餘計になつたから意味が變つて讀まなければならぬと云ふことはない、次にまた或は杞憂に過ぎないかも知れぬが「することを得。」と規定あるときは裁判所は實際の適用上「せ。ぬ。」ことが多くある樣に思はれる、畢竟「することを得」と云ふのであれば、しなくつても宜いと云ふ風な解釋に自らなつて來るものと見へて、其適用は狹くなる傾きがある、兎に角何れにするも其意義に異なるところがないとすれば寧ろ「ることを得」に反對せなければならぬ、（二）衆議院の原按復活說論旨、本條には貴族院は極めて劣等なる修正を加へて居る、大臣は之を文字の修正に外ならぬと說明せられ共、併し單に文字の修正に過ぎないか何うかに就ては研究を要す可きことであらうと思ふ、成程此狀情に因りなる文字がある以上は自ら狀情を酌量す可き權能が裁判官に在て或は減輕し或は免除する隨意であるかの如く讀である、然るに今刑法の全體を通讀對照するときは「するを得」と「ず」と云へる間には各相異なる意義を含有するものと推斷せなければならぬ、決して兩者兩一の意義を有するものと速斷するを許されない、從て本條以下二箇條の各箇所に「ることを得」と補修するときは、之に伴ふて意義を異にするに至るのである、即ち此五文字を加ふると否とに依り準正當防衞權の行使に響きを生するものと明言して憚らない、而して本條二項の塲合の如きは殊に「ず」と明規して、即ち裁判主義に依らず法律主義を以て必ず減輕免除すべきものと定め置かなければならぬ、斯くの如くにして正當防衛類似の權利行爲を認めたい、本來正當防衛は犯罪なる看念の下に解釋すべきものにあらずして權利の執行、權利行爲の一として數へなければならぬ、所が已むを得ざると云ふ誠に解釋の出來難い一線を畫いてあつて、此一線は實際上の問題に衝て正酷なる判定が付き難いのである、故に之等判別の付き難き塲合に於ける斟酌は今日の裁判所に之を一任せず、矢張り法律主義強制主義で確然と極めて置た方が宜からうと思ふ、若し此修正が單に文字の修正に止まるとすれば何れになるも可なれ共「ることを得」と加へる以上は其間に深き意味を有するだらうと思はれる、要するに此輕からざる貴族院の修正には斷じて同意することが出來ない。

○第三十條の許すことを得と草按第三十六條乃至第三十八條の免除す。との比較「倉富」　本法第三十條に得。と云ふ文字かある、之は特に行政官廳に處分權を許すと云ふやうな譯で「行政官廳の處分を以て假に出場を許すことを得」と行政官に之だけの權限を與へると云ふ樣な趣旨である、此刑法第三十六條以下は全く裁判上の處分であるから、少し文字は變るけれども、趣意に於ては同樣の積りである。

第三十七條　自己又は他人の生命、身體、自由若くは財產に對する現在の危難を避くる爲め已むことを得さるに出てたる行爲は其行爲より生したる害其避けんとしたる害の程度を超えさる場合に限り之を罰せす但其程度を超えたる行爲は情狀に因り其刑を減刑又は免除することを得

前項の規定は業務上特別の義務ある者には之を適

用せす

（草案第一項末段、但し其程度を超へたる行爲は、狀情に因り其刑を減輕又は免除す）

○本條修正のヶ所「法調」　(一)現行刑法第七十五條第一項は所謂有形の自由を喪失したる場合の規定にして、若し自已の身體外力の爲めに全く强制せられて爲したるときは是れ外力の作用の結果にして自己の行爲に非ざるは明文を俟たざるを以て本法は之を削除し唯意思の上に受けたる外力の結果に關する規定のみを設けたり、(二)現行法は防衛の主體を唯自己若くは親屬の身體に制限すと雖も本法は自己又は他人の貴重なる生命、身體、自由及ひ財產は本條の場合に於て之を保護す可きものと認め之に關する規定を設けたり、(三)現行法は防衛の主體を最も貴重なる自己又は親屬の身體に限りたるを以て之を防衛するに出たる行爲は常に罪と成らざることと爲したり、是れ身體の價値は其防衞の行爲よりも重大なるか故なり、之に反して本法は防衞を擴張し生命、身體、自由の外財產をも加へたるを以て縱令此等の權利を保護する現實の必要に出でたる行爲なりと雖も其行爲より生じたる害其避けんとしたる害よりも大にして畢竟保護せんとしたる權利に比すれば却て重大なる他人の權利を害することある場合に於ては其行爲を罪と爲さざれば遂に其弊に堪へざるに至る可きを以て本法は裁判所をして法律上保護せられたる權利と之を防衞する目的を以て侵害せられたる權利とを比較し或は全く其行爲を罪と爲さず或は其行爲を罪として之を罰し又は之を罰するも其刑を減刑することと爲したり、〔四〕現行法は自己の權利を保護す可き危險の程度を天災又は意外の變に因り避く可からざる危難と爲すと雖も斯かる例示的文字は無用なるを以て之を改めて現在の危難と爲し語を簡約にして却て其意義を明確ならしめたり、(五)現行法は職務上他人を救護す可き特別の義務ある者に關する規定を闕けるが爲め往々危險なる場合を生せざるに非ず是を以て本條は第二項に於て新に之に關する規定を設けたり。(前改正案第四十七條)

第三十八條　罪を犯す意なき行爲は之を罰せず但法律に特別の規定ある場合は此限に在らす

罪本重かる可くして犯すとき知らさる者は其重きに從て處斷することを得す

法律を知らさるを以て罪を犯す意なしと爲すことを得す但情狀に因り其刑を減輕することを得

(草案第三項末段、但し狀情に因り其刑を減輕す)

第三十九條　心神喪失者の行爲は之を罰せす

心神耗弱者の行爲は其刑を減輕す

○心神喪失者の意義「平沼學士」　本條に心神喪失云々と云へるは前の改正案に於ける精神障碍に因る行爲云々と敢て意義を異にしたのではない、唯民法に心神喪失なる文字を採用して居るから成べく其用例を一致させんとの方針で斯く文字を變更したのである、併しながら民法に云へる心神喪失の狀況にあるものとは無論其意義を異にして居る、詰まり犯罪の當時に心神喪失して居つた者の行爲は之を罰せないと云ふことに爲る、故に犯罪當時心神を喪失して居れば本條の所謂心神喪失者であつて、其前後の狀況等は毫も問ふを要せない。

第四十條　瘖啞者の行爲は之を罰せす又は其刑を減

輕す

○瘖啞者の行爲「倉富所說」　瘖啞者の行爲に對しては、現行法では絕對に其罪を論ぜずと規定して、如何なる場合にでも刑罰を科することは無かつたのである、此刑法の草按調査の際瘖啞者に對する敎育法の進步せる今日は絕對に之を罰せないと云ふは適當でないと云ふ論があつた、成程瘖啞者に對する敎育法が進步して居るには相違ないけれ共、而も未だ通常人が敎育を受けるほどの知識は無い、種々の手段をして僅かに敎育して居ると云ふ有樣であるから、假令事理が分つた瘖啞者たりとも全然之に普通の刑罰を科すると云ふは餘り極端の改正であらう、餘り激しい改正になるからなとの議論があつて、結局之を罰せない、罰するときは普通の人よりも刑を輕くするが、先づ改正の程度に於て適當であらうと斯ふ意見からして、斯の如き規定になつて居るのである。

第四十一條　十四歳に滿たさる者の行爲は之を罰せす

○責任年齡を高めし所以（同上）　現行法は犯罪責任年齡を十二歳として居るが、此刑法草按調査中十四歳よりも今少し高くなければならぬ、十八歳などと云ふ極端な議論も出た、或は又十五歳、十六歳と云ふ意見も出たが、どうしても責任年齡は成るべく上の方にして刑法上では之を罰せない、矯正上懲治の處分をすると云ふことは極めて必要であるけれども、普通の刑を科して幼年者を訓戒すると云ふは決して適當でない、それで責任年齡は高くして、成る可く普通の刑を科せぬ方が適當であると云ふ考を以て、十四歳として現行法より二歳だけを上ぼせることゝなつた、尚ほ一時はもう少し高くなつた事もあつたけれども、結局十四歳と云ふことに折合を付けたのである、次に彼の幼者に對する懲治處分は刑法上より之を削除したけれども實際上懲治處分は致す積りで、何れ感化法でも少しの修正を加へたならば總ての懲治法は差支なく行はれるであらうと思ふ。○十四歳以上の幼年者に對する法律上の減輕「同上」現行法に於ては十二歳未滿の者は絶對に罰しない、十二歳から十六歳までは是非の辨別の有無に依つて或は罰し或は罰しない、十六歳から二十歳までの間は本刑中一等を減ずると云ふことになつて居るけれども、此法は單純に十四歳前後を以て責任の有無を區別して十四歳以上の者は斷然減輕を與へないと云ふことにして居る、現行法に於ける二十歳までは其罪を減輕宥恕するとの規定は、其結果或は極めて不適當の塲合が出て來るだらうと思はれる、二十歳と云へば數へ年の二十二歳になる者もあつて、隨分强盗殺人其他獰悪なる犯罪を遂行するものが往々ある。けれども之に對して毎に其刑は必ず一等を減ぜぬければならぬと云ふやうなことに爲り隨分實際に困る場合がある、故に此法は寧ろ十四歳以上の者に法律上の減等を與へないことにしたのである併し本法は裁判上酌量減輕の途は充分に備はつて居るからして例令どの種類の重い犯罪も事態に適應する減輕が出來るのである、從て十四歳以上の者にも特に法律上の減輕を與へるの必要は無いことになる。

第四十二條　罪を犯し未た官に發覺せさる前自首したる者は其刑を減輕することを得

告訴を待て論す可き罪に付き告訴權を有する者に首服したる者亦同し

○本條の自首減輕制と現行法との異同「谷野學士」　現行刑法の自首減輕制と本條との主要なる異同は、本條は第一自首減輕は凡ての罪に適用あるものと爲したること　第二、自首減輕を裁判的減刑と爲し減輕するとせざるとを裁判官の裁量に委ねたること　第三、財産に對する罪に付きては首服減輕を認めず告訴を竢つて論ずべき罪に付てのみ之を認めたること　第四、財産に對する罪に付き贓物又は損害を還償したる自首減輕を認めざりしこと等である。

○發覺（第五十八條參照）

第八章　未遂罪

○未遂罪の條件「法調」　現行刑法は犯罪の實行に着手したる後ち意外の障碍若くは舛錯に因りて之を遂げざるものを以て未

遂罪となせり、然れども一未「犯罪の實行に著手したる後は犯人意外の障碍若くは舛錯に因ると否とを問はず凡て之を遂げざる場合を以て未遂罪と爲す可きものなり、修正案は此主旨に基き犯罪を遂ぐるの目的を以て之を達するの手段を行ひ始めて之を遂ぐること能はざるときは其原因如何を問はず凡て未遂罪と爲す主義を採り彼の現行法の解釋上所謂著手未遂罪若くは缺効未遂の區別を認めず、又其處分に至りても必ずしも刑を減輕せずして而して一に情狀に依ることと爲せり、是れ未遂罪は多くは其結果たる危害も既遂罪に比して多少輕きものありと雖も時としては其犯情の恕す可らざるものあるを以て其刑を減輕すると否とは一に裁判所の判斷に任したるなり。（前改正案第一編第四章）

第四十三條　犯罪の實行に著手し之を遂けさる者は其刑を減輕することを得但自己の意思に因り之を

止めたるときは其刑を減輕又は免除す

（草案第四十三條、犯罪の實行に著手し之を遂げざる者は其刑を減輕又は免除す但自己の意思に因り之を止めたるときは其刑を減輕又は免除す）

○草按の減刑すの意義「倉富所説」　前の改正案には「其刑を輕減することを得」としてあつて今回の按には「減輕す」と爲つて居る無論其趣旨に差異があるに相違ない、成るほど未遂犯の場合には其情狀の惡むべきものの害の大なるものもあるべけれ共概すれば矢張り既遂犯と較べて其結果を異にする、假へは殺人行爲の場合に被害者は氣息奄々の慘狀に陥たとしたところが、まだ生きて居るだけ其害が輕いと云はなければならぬ、殊に現行刑法の此未遂犯の場合に一等を減ずると其ふ規定は實際の適用上、不都合があつたと云ふ實例もさう澤山は無いのである、矢張り此未遂犯は徒らに犯人の側からのみ觀察しないで被害物體の方に著目して處分を異にした方が適當と云ふ趣旨を以て此規定を改めたのである、尤も中止犯の場合には其刑を免除又は減輕すと規定してあるけれ共、之も矢張程度の問題て、例へ自分の意思て中止した場合とて餘ほど犯行を進めて罷めた場合もある、又始めに罷める場合もあつて一樣でないから其刑を或は免除し或は減輕するのである、此と同時に未遂犯の犯行の場合は其刑を減輕すと規定するは至極權衡を得たものと云はなければならぬ。

○未遂犯は其刑を減輕することを得とすべし「貴族院に於て上の如き修正說を可決したれ共衆議院は之を原案に復活し兩院協議會に於て貴族院の修正に同意せり」　貴族院修正理由、未遂罪には種々の狀況が有て決して着手した直く捕へられたと斯ふ樣な場合のみではない、充分の手段方法を盡したれ共唯其結果が豫規するところに迄及はなかつたと云ふ如き其狀情の最も重く其結果も既遂の場合と毫も異ならないときがある、故に前の改正案に「其刑を輕減又は免除することを得」とありしは頗る至當の改正であつたるにも拘はらず、今回の改正案に於て法律主義の減輕免除を認めたるは其理由を發見するとに苦しむのである、殊に本條の但書と平仄の合はない規定と云はなければならぬ。

○中止犯免除主義「衆議院に於て如上の修正説提出せられたれ共成立せす其論旨は」　中止犯は兎に角犯人が任意に罪の實行を中止し、自ら國家の力を借らずして結果の發生を防ぐのである、國家は爲に危險を消却し、同時に危險に依て害を生ぜんとする意思をも滅却すべき利益を受くるのである、又國家政策或は刑事政策の上から之を見るも中止犯必罰は犯人をして寧ろ罪の實行を企てしむる傾き即犯罪の奬勵と爲る場合もある、要するに中止犯は理論上政策上免除主議を採るを以て最も至當とする。

○刑法起草委員の中止犯法制論「谷野學士所論」　所謂中止犯の場合は之を未遂の體樣と爲すべきや否や未遂の體樣と爲すとするも特別の明文を以て罪と爲さゝる可きか將た罪と爲すべきかに付て異論なき能はず。

イ、　中止犯の場合に於ては之を處罰せざる法制　學者中止犯の場合に之を處罰せざる理由を説明して或は其犯意が不充分なる故なり、　或は未遂は行爲者が犯行を中止せざる事を條件として處罰せらる可き者なり　或は犯意は事後に於て抹消せられ若くは其行爲より撤回せられたればなり、　或は行爲者に對して犯行を中止せしむる政略なりと謂へり、　余は中止犯を處罰せざる法制を賛同するものにあらずと雖も若しを之處罰す可らざる理由を説明することを要すとせば中止犯は其行爲に於て何等有形の危險を生せざるのみならず之を生ぜしめんとする意思か減退せるを以て之を處罰せずとも敢て公の秩序に害なきを以てなりと謂はんと欲す、而して歐洲諸國の刑法は沿革上如上の法制を認むるもの多し、然るに此法制を採用するものも其規定方法には自ら之を積極的に規定する法制と消極的に規定する法制の區別あることを免れず、現行刑法は積極的に規定する法制を採れり。

ロ、中止犯の場合に於ても之を處罰する法制　此法制は近時漸く刑法界に萠芽を發したるものにして我刑法改正案は此方法を採用せり、蓋し歐洲の立法例に於ては沿革上中止犯は之を罰せざる主義を採れるを以て學者各之を罰せざる理由を附會して説明すと雖も其理由たるや上に述べたる如く一も見るべきものなし、或は有形の危險を防ぐことを以て條件とせんか、中止犯にあらざる未遂も亦概ね有形の危險を生せざるにはあらずや、或は犯行の中止を奬勵する政略に出つるものとせんか中止犯のみ濫發する弊害なきにあらず、要するに刑法の目的は公の秩序維持に在るを以て中止犯の如きも之を處罰するや否とは各其塲合の事情を參酌して判斷すべく法律上豫め之れを一定し得べきものにあらず、然らば中止犯に對して刑を免除すると之を減輕して處罰するとは一に之を判事の裁量に任し刑法に於ては消極的に規定する法制に依り中止犯の塲合に於ては其刑を免除するときも其刑を輕減して處罰する塲合との二塲合あり得ることを認むるも可なりと信ず、外國に於ても本來犯行を中止せる塲合と雖も之を處罰する必要を感じ一に中止犯の規定に於ては原則として之を罰せざるに拘らず其中止なる意義を制限して其適用を狹少にせり例へばハノバーヘッセン、ダルムスタット、バーデンチ・ーリンゲン普魯西ザクセン等の刑法は犯行の終りたる後其結果の發生を防止せる場合は之を犯行の中止と認めずして普通の未遂として之を處罰し巴威爾、ヘッセン、ダルムスタットの刑法は或は眞正に悔悟して犯行を中止したる場合或は科刑を恐れて中止じたる場合にあらざれば之を中止犯と認めずして普通の未遂犯として處罰せり、以て實際上犯行を中止せるどきと雖も之を處罰する必要あることを知るに足るべし。

中止犯に關する法制は斯の如く多樣なるに拘らず我現行刑法は中止に係る未遂は之を處罰せざる主義を取り而して主義を表示する爲めに積極的の規定方法を採用せり、刑法は犯行の中止に係る未遂は全然處罰せざる主義を採れるを以て

イ　既に其犯行を終りたる後自己の意思に因りて其結果の發生

を防止したるときと雖も亦之を犯行の中止と謂ふことを得ず從つて處罰するを得ず。

ロ、犯行の中止には所謂情狀の重き中止なるものありて其中止の時既に他の既遂犯たる體樣を有せるものあり、刑法は犯行の中止に係る未遂のみを處罰せざるに止まるを以て其未遂中に包含せらるゝ既遂犯あるときは固より之を處罰せざる可からず。

刑法は積極的に規定するの法制を採用せるを以て

イ、自己の意思に因り犯行を中止したるときは如何なる場合と雖も之を犯行の中止と爲すべし、特に其中止の原由か善意なると惡意なると即ち眞正に悔悟したると又は再擧を謀るに在ると科刑を恐れたるに在ると又は發覺を恐れたるに在るとを問はず。

ロ、犯行の中止に係る未遂は之を法律上の未遂と認めず、即ち此種の行爲は其性質上罪たる行爲にあらざるを以て其共犯は之を法律上の共犯と認むること能はず、換言すれば犯行の中止ありたるときは事實上正犯準正犯又は共犯ありと雖も法律上に於ては之を正犯又は共犯として處罰することを得ず。

現行刑法の犯行の中止に關する法制は大體に於て非難すべきところなしと雖も少くとも近時の社會の情勢に適せず從て之に依りて刑法の目的を達することを得ざるは既に述べたるところなり。

刑法改正案(前改正案)は第五十五條に於て「但自己の意思に因り之を止めたるときは其刑を減輕又は免除す」と明言し、消極的に制定する法制を採りたるのみならず判事の裁量するところに從ひ中止犯を認むる場合と之を認めざる場合との區別ある可き旨を規定せり、余は此修正を以て敢て不當なりと謂ふ者にあらず唯犯行の中止なる體樣を表示するに「之を止めたるときは」なる語を用ゐ犯行には既に其實行を終りたる後發生せんとする結果の發生を防止する體樣ありや否やを正確に斷定せざるを憾とすと雖も余は改正案の立法者は此體樣をも此語中に包含せしめたるものと信す、然れども「之を止めたるときは」なる語中に此體樣を包含せしめんとするは文字上極めて專橫の處置なりと謂はざることを得ず。

二「平沼學士所論　中止犯は理論上より言へば未遂犯の一種なりと雖も現行法は之を未遂犯中より除外す、而して既遂に至らざる行爲にして既遂犯の名稱を下すこと能はざるものは特別の明文なくんば之を罰すること能はず、故に現行法の解釋論としては中止犯を以て罰すべからざる行爲と爲す。

中止犯を罰せざるは政策に出て學理上の根據を有せず立法論としては中止をて未遂に入れ判官の裁量に依り免刑の事由となすを可とす。

第四十四條　未遂罪を罰する場合は各本條に於て之を定む

○刑法起草委員の現行法第百十三條の批難「一、谷野學士所論」特に罪の着手又は準備を重罪の刑を以てしたるもの、例之現行刑法第百二十四條及第百二十五條等の未遂罪には更に未遂犯成立するにあらざるや、刑法第百十二條及び第百十三條に依れば重罪を犯さんとして未だ遂げざるものは之を未遂犯となし其重罪の何たるやは單に其刑か重罪の刑なると否とに因りて決するを以て此種の未遂犯罪と雖も其刑か若し重罪の刑なるときは其未遂犯は即ち重罪にして重罪には必ず其未遂犯あり得へきなり、余は解

釋論としては法律上特別に罪の未遂又は準備を處罰したるもの
と雖其刑にして重罪の刑ならんか單に其既遂犯成立し得べしと
謂はんと欲するも立法論としては是れ刑法の一大缺點ならざる
や否やを疑ふなり、蓋し特別の明文を以て未遂又は準備を處罰
するは固より事物の例外に屬するを以て此種の犯罪に對して更
に其未遂を未遂犯として處罰せんか除外例に除外例を認むるの
嫌あるのみならず又論理上極めて解し難き問題を生ず可きなり。
「リスト」「ベルネル」「ウエッテル」等は此種の罪には未遂罪成立せず
と曰ひ「マイエル」、「フランク」は未遂罪成立すと曰ふ余は前者を至
當なりと信ずるものなり、刑法改正案は現行刑法と異なり未遂
犯は皆各本條に於ける明文を俟て始めて成立するものと爲せる
を以て未遂犯の成立すると否とは一に之を各本條に於ける明文
に依りて定めざる可からず、即ち刑法改正案の法制を採用せば

全く此種の疑問を生ずることなきなり。

第九章　併合一

○標題の修正及併科〔法調〕　現行刑法の數罪俱發の名を改め併合罪となしたる所以は確定裁判を經ざる數罪は必ずしも俱に發覺することなし、一罪既に確定裁判を經たる後他の一罪の發覺する場合なきに非ず之等の場合に於て數罪俱發の名稱は稍穩當を缺くの嫌あり、又本法第五十七條に在るか如く確定裁判前の數罪は其發覺の前後如何を問はず常に併合してこれを處斷するを以て寧ろ併合罪と名づくるの勝れるに如かざるなり、然れども併合罪と稱するも各罪を合併して新に一罪となすに非ずして各罪は尙ほ獨立して存在し唯之を併合して處斷するの義なり、現行法は數罪俱發の場合に於て違警罪を除く外は所謂吸收主義に依り數箇の犯罪中一の重きに從て處斷する主義を採れり、此を以て一度罪を犯したる者は其裁判確定に至るまでは之れと同等若くは輕き罪は幾度之を犯すと雖も後の犯罪に對する刑は常に第一の犯罪に對する刑に吸收せられ後の犯罪は全く處罰を受くることなき結果に至る、加之一罪を犯したるものと數罪を犯したるものとは常に同一の刑を以て處斷せらるるに至り頗る不當の結果を來たすを以て修正案は此主義を排斥し所謂併科主義を採り一罪毎に各々其刑を科することを原則としたり、但死刑又は無期刑に當る罪と他の罪と併發するときは事實上各罪に對して各刑を併科し得可からざるものあるを以て此場合には例外として或刑に付きては吸收主義を採り又有期の自由刑に付き各犯刑毎に一の刑を科するとすれば時には其刑期數十年の長きに至るの虞あるを以て此場合にも例外として制限併科の主義を採

りたり。（前改正案第一編第五章）

第四十五條　確定裁判を經さる數罪を併合罪とす若し或罪に就き確定裁判ありたるときは止た其罪と其裁判確定前に犯したる罪とを併合罪とす

第四十六條　併合罪中其一罪に就き死刑に處す可きときは他の刑を科せす但沒收は此限に在らす
其一罪に就き無期の懲役又は禁錮に處す可きとき亦他の刑を科せす但罰金、科料及ひ沒收は此限に在らす

第四十七條　併合罪中二個以上の有期の懲役又は禁

錮に處す可き罪あるときは其最も重き罪に付き定めたる刑の長期に其半數を加へたるものを以て長期とす但各罪に付き定めたる刑の長期を合算したるものに超ゆることを得す

第四十八條　罰金と他の刑とは之を併科す但第四十六條第一項の場合は此限に在らす
二個以上の罰金は各罪に付き定めたる罰金の合算額以下に於て處斷す

第四十九條　併合罪中重き罪に沒收なしと雖も他の罪に沒收あるときは之を附加することを得
二個以上の沒收は之を併科す

第五十條　併合罪中既に裁判を經たる罪と未た裁判を經さる罪とあるときは更に裁判を經さる罪に付き處斷す

第五十一條　併合罪に付き二個以上の裁判ありたるときは其刑を併せて之を執行す可き但死刑を執行す可きときは沒收を除く外他の刑を執行せす無期の懲役又は禁錮を執行す可きときは罰金、科料及ひ沒收を除く外他の刑を執行せす有期の懲役又は禁錮の執行は其最も重き罪に付き定めたる刑の長期に其半數を加へたるものに超ゆることを得す

第五十二條　併合罪に付き處斷せられたる者或罪に

付き大赦を受けたる場合に於ては特に大赦を受けさる罪に付き刑を定む

第五十三條　拘留又は科料と他の刑とは之を併科す但第四十六條の場合は此限に在らす

二個以上の拘留又は科料は之を併科す

第五十四條　一個の行爲にして數個の罪名に觸れ又は犯罪の手段若くは結果たる行爲にして他の罪名に觸るるときは其最も重き刑を以て處斷す

第四十九條第二項の規定は前項の場合に之を適用す

第五十五條　連續したる數個の行爲にして同一の罪

名に觸るるときは一罪として之を處斷す

連續犯は一行爲なりや又た數多の行爲なりや予は連續犯とは行爲者が連續して同一罪の罪態を實行せしむべき數個の行爲を犯したる場合を曰ふと定義せん、蓋し罪とは法律に於て禁令する行爲なり、然らば如何に輕微の罪なりと雖も一度其罪を犯さば是れ一行爲たるべく如何に直前直後の關係を有して同一罪を犯したりとするも是れ遂に二個の行爲たるべきこと殆ど疑似の餘地なし主脅主義者は決心又は犯意の一個なることを連續犯成立の要素とするを以て或は之を同一の意思に基つき數多の動作なりと斷定して一行爲なりと論する者なきにあらざるべしと雖も近時進步せる法理は連續犯の成立に決心又は犯意の一個たることを必要とせざるを以て從つて之を一行爲なりとするの謬謬なること亦辨を竢た

○刑法起草委員の連續犯數罪論［一、谷野學士所論］

ず既に連續犯を以て數多の行爲より成るものとせば何が故に之を數罪として處罰せざるや予は單に歐洲の法界に於ける沿革以外に何等處罰す可らざる理由あるを見ず予は連續犯と雖も苟くも其行爲數個なりとせんか之を數罪として處斷すること刑法上の元則なりと思量す、果して數罪として處斷すること刑法上の原則なりとせば明文を以て之を一罪として處斷する旨を規定するにあらずば當然之を數罪として處斷すべきなり、我現行刑法は連續犯に付き何等の規定を設けざるが故に連續犯は之を數罪として處斷すべきものなりと信ず、然りと雖も連續犯の如きは假し之を數罪とするも數罪俱發若くは併合犯の適用に依り一罪の刑又は一個の刑のみに處せらるべきものにして其結果は其罪に於て同一なるのみならず其犯行の同時も相互に近接するを以て之を法律上一罪と見ることを便宜なりとす、故に獨乙刑法も

第七十四條に於て獨立したる數個の行爲に依り數度同一の重罪又は輕罪を犯し之に依て數多の有期自由刑に處せらるべきものには其處せらるべき「刑中最重のものを加重したる併合罪を言渡すべしと規定し墺地利刑法草案、　和蘭刑法草案、　那威刑法草案等の多數の立法例も亦同一の規定を設けたるのみならず學說として又た一人の連續犯を數罪として處斷すべきものと論斷したる者あるを見す、　然らば立法論としては連續犯を一罪として處斷することを可とするか如し　故に吾刑法學者も立法論上の斷定を直ちに現行刑法の解釋論となし何等の明文なきに拘らず連續犯は一罪として處斷すべきものなりと論斷して之を疑はざるもの多しと雖も其誤謬なることは既に上述せるところなり、　刑法改正案は是に見るところあり現行刑法の缺點を修正し「連續したる數個の行爲にして同一の罪名に觸るゝときは一罪として之を處斷す」と明定し其行爲は數個なること其本質上は數罪なる事及び法律上特に一罪として處斷することを明確にしたり。

二「平沼學士所論」　連續犯は同種類に屬する多數の行爲より成る此場合に於て多數の行爲に連續するは其性質の同一なるに依る性質の同一なるを理由として多數の行爲を一に連續するには其總てが同一の法律利益に對すること及び法律上同種の方法を以て實行せらるゝことを要す、例へば甲者數度乙者の妻たる丙者と通するは一の姦通罪なり　然れども甲者が丙者と通じたる後更に丁者の妻たる戊者と通するとき之を一に連續することを得ず　又甲者が數度戸締なき乙者の倉庫に入り米俵を竊取する行爲は之を合して一の連續犯となすことを得るも戸締なき倉庫に入りて犯したる竊取行爲と鎖鑰を破りて犯したを竊取行爲とは之を合して一節となすことを得ず連續犯は多數の行爲より成る者を以て單一の行爲となすは誤謬なり或は單一の決意を要素となし或は決意と結果の單一なることを要素となし強て連續犯を單一の行爲となさんとする學說あれども予は之を採用せず

第十章　累犯

○累犯の意義「平沼學士所說」　第五十六條第五十七條に再犯の規定がある、此再犯は勿論累犯の一つで　二犯以上も總て累犯になる　從來の再犯なる文字を累犯と改めたのは再犯から上、三犯、四犯、五犯、總て含ませる爲に累犯といふ文字を採用したのである。

（編者曰く衆議員に於て一議員は此平沼學士の說明に對し夫れは多分平沼君の本意ではあるまい、一般刑事法上の累犯とは意味を異にして居るからと言へり）

○前科の包藏「同上」　前科包藏者の多き現狀に對して當局者は餘程講究しつゝある、東京大阪の如く人の出還り頻繁の所は殊に前科包藏者が多い、而も其前科發見方法として現在は犯罪人姓名簿等に據るの外はないので未だ充分の效を收め得るとは云ひ難い、或は犯人の特徴等に氣を留めて前科者なることを發見するの方法を講じたいと思つて居るけれ共、未だ其運びに至らない、併しながら監獄に於ては度々這入て來る犯人の面貌を克く識て居るからして裁判當時には前科者たることを發見し得なくても後に監獄で發見し得る場合が非常に多い、玆に於て本法は第五十八條の規定を設け再犯加重の精神を可成貫かんと欲したのである、尤も此規定を設けたればとて敢て事足る譯でも無いから將來前科の包藏に對しては可然方法を研究せなければならぬ。

第五十六條　懲役に處せられたる者其執行を終り又は執行の免除ありたる日より五年內に更に罪を犯し有期懲役に處す可きときは之を再犯とす

懲役に該る罪と同質の罪に因り死刑に處せられたる者其執行の免除ありたる日より又は減刑に因り懲役に減輕せられ其執行を終り若くは執行の免除ありたる日より前項の期間內に更に罪を犯し有期懲役に處す可きとき亦同し

併合罪に付き處斷せられたる者其併合罪中懲役に處す可き罪ありたるときは其罪最重のものに非すと雖も再犯例の適用に付ては懲役に處せられたる

ものと看做す

○再犯加重を同種又は類似の犯罪に限らしむべし「衆議院に於て此修正說提出せられたれ共否決と爲る其論旨は」　元來此累犯の規定は慣行犯人を重罰すると云ふのが本來の主義であつて、罪質の全く異なるものに向つて此再犯の規定を適要すると云ふことは如何にも亂暴であると信じられる、例へば前科が名譽毀損の罪であつて再犯が窃盜であるときに之を全く同じ罪に依つて刑を受けて居るにも拘らず尙改悛せずして再び罪を犯したから重く處罰しなければいけぬと云ふ理由にならぬと思はれる、殊に後の罪の性質と前の罪の性質と同樣であつたとき始て本章の題目の所謂累犯と學術上の累犯との一致を見るのである、又曾て司法省の舊草案にも此主義を迎へられたことがある。

第五十七條　再犯の刑は其罪に付き定めたる懲役の

長期の二倍以下とす

○長期の二倍　（第十三條參照）

第五十八條　裁判確定後再犯者たることを發見したるときは前條の規定に從ひ加重す可き刑を定む

懲役の執行を終りたる後又は其執行の免除ありたる後發見せられたる者に付ては前項の規定を適用せす

（草案第五十八條第二項、懲役の執行を終り又は其執行の免除ありたるものに付ては前項の規定を適用せず）

○確定裁判の效力に對する例外〔平沼學士〕　本條は實際の必要上確定判決の效力に關する例外を設けたのである、尤も現在の刑事訴訟法では斯ふ云ふ場合に確定判決を動す手續の規定が無い、無論施行法を以て補はなければならぬが、其手續は一例を擧げて見れば之を裁判すべき裁判所の檢事が請求する、裁判所は其請求に依て決定をすると云ふ樣なことであらう。
○草按第二項の趣旨「同上」　第二項は刑の執行中に前科の包藏を發見し且つ執行中に再犯加重の決定を結了し終りたるものに適用すると云ふのである　其理由は刑の執行を終て獄を出たる者にまで追及するは聊か過當である、そこまで追及するにも及ばないと云ふ趣旨である、　此規定の結果として刑の終了まで隱し遂げたものは利益を見ることとなり又其包藏罪に本條を適用せんとする手續中刑期の終了したる者などに對して最早追及し得ないことにもなるけれ共、　併し實際の手續なるものは敢て複雜に涉る樣なこともない積りであるから、　實際論としては本條第二項の規定は不都合はないと思はれる。
○第二項を「懲役の執行を終りたる後又は其執行の免除ありたる

後發見せられたる者に就ては前項の規定を適用せず」と修正す「衆議員に於て此修正説を可決し兩院協議會の議に於て確定法文と爲る、其修正論旨は」 要するに刑の滿期、執行の免除以前に前科が發覺したる以上はこれが手續中に看す々々刑の滿期と爲り爲に本項規定の趣旨を遂行し得ない結果と爲る弊害を防がんがための修正である、 即ち執行滿期若しくは免除前に前科に付いての刑の加重の請求が裁判所に向つて提出されたならばそれで滿期後と雖も宣告の出來ることに致したいと云ふ趣旨である、 成程滿期にならない以前に加重の刑を手早く言渡してしまうことが常に故障なく行はれるとすれば敢て差問ないが併し思ふに此加重刑を言渡すに付いての手續も少なくとも抗告位は許さなければならぬてあらう、 然るに原按の如き規定を設くるときは當事者に不法の抗辯を奬勵するやうな結果となり、 又其半面より之を見れば檢事若しくは裁判官が職務上の繁忙を極める樣な折に加重刑を發見したるときなどは早く其言渡手續を完了せんと欲して不注意の取扱ひに出ることとなるかも知れない。

○發見と發覺「平沼所説」　發見は同一犯人に對して尙ほ他に犯罪のあることが始めて知れたる場合に用ひ、發覺は犯罪事實及其犯人の初めて知れたる場合に用ひたのである。

第五十九條　三犯以上の者と雖も仍ほ再犯の例に同し

第十一章　共犯

第六十條　二人以上共同して犯罪を實行したる者は皆正犯とす

○共同して「法調」　現行法第百四條は現になる文字を以て實行正犯の意義を明かにしたれ共其意義狹きに失するの嫌なきにあらざるを以て本條は之に修正を加へ共同してなる文字を採用したり。

○「各自に其刑を科す」の削除「同上」　現行法は共犯者各自に其刑を科すと規定すれ共、既に法律に於て各自正犯と規定したる以上は各自正犯として其刑を科せらるることは明文を俟たざるを以て本條は此數字を削除したり。

第六十一條　人を教唆して犯罪を實行したる者は正犯に準す

教唆者を教唆したる者亦同し

○教唆者を準正犯と爲す「同上」　本條第一項は所謂實行正犯

なる者を敎唆したる場合の規定とす。

現行法は又敎唆者を正犯と爲すと規定すれども此刑法は正犯に準ずと改めたり、是れ敎唆者は實行正犯に非ざるも其責任に於ては正犯と同一なることを明にするものなり。

○敎唆者の敎唆「同上」　第二項は新に設けたる規定にして實行正犯のみならず敎唆者を敎唆したる者をも亦之を罰するものなり、現行法に於て此規定なきが爲め實際上往々不良の徒を免れしめたることなきにあらず、此刑法は此理由に依り敎唆者を敎唆したる者も亦實行正犯を敎唆したるものと同じく準正犯と爲すことを規定したるなり、敎唆者の敎唆が幾つも重なる場合はあるかも知れぬが、本條のは先づ一段丈けと云ふ積りである。

（議員の質問による）

第六十二條　正犯を幇助したる者は從犯とす

従犯を教唆したる者は従犯に準す

○幇助の方法「法調」　現行法第百九條は幇助に付ての方法を列擧したるも是れ唯例示に過ぎずして何等の實益あることなし故に改正案は其方法を示さず苟も正犯を幇助したる者は凡て之を従犯と爲すことゝせり、然れども廣く學説に所謂事後従犯の如き者をも包含せしむるの主旨に非ずして現行法と同じく事前の従犯のみに限るものとす、只其幇助の方法に付き現行法の如く制限せざるのみなり。（前改正案第七十四條）

第六十三條　従犯の刑は正犯の刑に照して減輕す

第六十四條　拘留又は科料のみに處す可き罪の教唆者及ひ従犯は特別の規定あるに非されは之を罰せす

法律学の森

潮見佳男 著（京都大学大学院法学研究科 教授）

新債権総論 I

A5変・上製・906頁　7,000円（税別）　ISBN978-4-7972-8022-7　C3332

新法ベースのプロ向け債権総論体系書

2017年（平成29年）5月成立の債権法改正の立案にも参画した著者による体系書。旧著である『債権総論Ｉ（第2版）』、『債権総論Ⅱ（第３版）』を全面的に見直し、旧法の下での理論と関連させつつ、新法の下での解釈論を掘り下げ、提示する。新法をもとに法律問題を処理していくプロフェッショナル（研究者・実務家）のための理論と体系を示す。前半にあたる本書では、第１編・契約と債権関係から第４編・債権の保全までを収める。

【目　次】

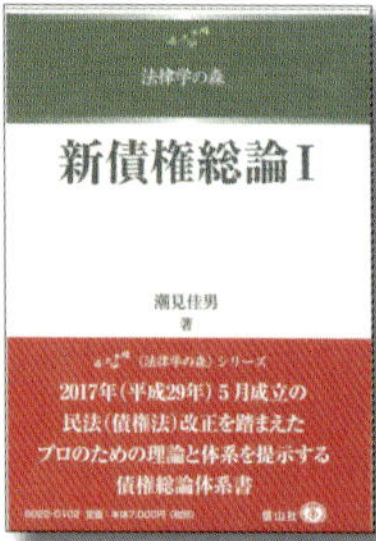

〈編者紹介〉
潮見佳男（しおみ・よしお）
1959年　愛媛県生まれ
1981年　京都大学法学部卒業
現　職　京都大学大学院法学研究科教授

新債権総論 II

A5変・上製　6,600円（税別）　ISBN978-4-7972-8023-4　C3332

1896年（明治29年）の制定以来初の
民法（債権法）抜本改正

【新刊】
潮見佳男著『新債権総論Ⅱ』
　第５編　債権の消滅／第６編　債権関係における主体の変動
　第７編　多数当事者の債権関係

〒113-0033　東京都文京区本郷6-2-9-102　東大正門前
TEL:03(3818)1019　FAX:03(3811)3580　E-mail:order@shinzansha.co.jp
信山社
http://www.shinzansha.co.jp

第六十五條　犯人の身分に因り構成す可き犯罪行爲に加功したるときは其身分なき者と雖も仍ほ共犯とす
身分に因り特に刑の輕重あるときは其身分なき者には通常の刑を科す

○刑法起草委員の被敎唆者の過剩犯行論「谷野學士所論」　敎唆の動作は被敎唆者の犯意を生ぜしむる原因たりと雖も被敎唆者の犯行は敎唆せし犯行に比し輕重又は多寡の差異あるどきは其敎唆したる罪の敎唆者又は其被敎唆者の行ひたる罪の敎唆犯のみ成立す此場合は被敎唆敎唆者の過剩の犯行と曰ふものにして過剩の犯行なるや否やを決するには常に敎唆の意義に依るべく決して敎唆の言辭に依るべからず被敎唆者が若し敎唆者の敎唆したる罪よ

り數量に於て多數なる罪を犯したるとき又は性質に於て重き罪を犯したるときは教唆者は其教唆したる罪の分量又は性質に於てのみ教唆者たるべく被教唆者若し數量に於て少數の罪を犯したるとき又は性質に於て輕き罪を犯したるときは教唆者が爲したる多數の罪又は重き罪に對する教唆は當然少數の罪又は輕き罪に對する教唆を包含す可きを以て教唆者は被教唆者が爲に行ひたる罪の分量又は性質に於てのみ教唆者たるべし、而して目的物の錯誤又は行爲の不奏功の場合に於ては一般の元則に從ひ或は罪ありとし又は罪なしとせざるべからず現行刑法第百八條は此場合に付き規定す、　現行法の趣旨に至りては毫も間然す可きことなしと雖も其用語は極めて不當なることを免れず。

(2)「事を指定して犯罪を教唆するに當り」　事を指定すとは蓋し事を指定せざる教唆即ち漠然たる犯行の教唆に相對せしむる

意なるべしと雖も此場合に於て教唆犯の成立不成立を決する標的は事を指定し又は指定せざることにあらずして犯行は教唆上に原由せしや否やに在り、換言すれば事を指定して教唆を爲したる場合に於て犯人指定以外の罪を犯し又は指定以外の方法を採用したるときは是れ犯行と教唆とに原因結果の關係を缺如するを以て教唆犯成立せざるなり、然らば刑法の事を指定し」なる語句は全然無用に屬すと信ず。

(2) 教唆に乘し　乘しとは被教唆者の犯行が教唆せる犯行より輕き場合を除外せしやの疑なき能はざるのみならず教唆に乘じて本條の行爲を爲したると否とは其の責任に何等の關係なし只教唆に原由せる犯行なることを必要とするのみ而して教唆に原因せる犯行なくは教被犯成立せざることは教唆犯一般の元則なりとせば此語句も亦不用なりと曰はざるべからず。

(3)云々の罪に從ふて刑を科す　　刑を科するに非ずして教唆犯を成立せしむるなり刑法の用語に拘泥して解釋せば所犯教唆したる罪より重きとき又は輕きときと雖も其全部を教唆なる一種の罪と爲すに拘らず其一部に對してのみ刑を科するやの疑似なき能はず。

要するに現行刑法第百八條は文辭上瑕疵多きのみならず上述の如く明文なしと雖も一般教唆の本質上當然判明すべき事項に屬し現に獨乙刑法其他歐州諸國の刑法には概ね此種の規定なしと雖も此第百八條の規定の趣旨に依りて活動す、　然らば刑法に於ても全部本條を削除することを可とする如し刑法改正案は此の意味を以て別に第百八條に相當する規定を置かざりしなり。

○起草委員の共犯極似行爲論「同上」　　共犯に極似すと雖も而も共犯にあらざるもの四あり第一副正犯、　第二必要的共犯、　第三事後共犯及び第四犯行團體員是れなり。

第一副正犯　副正犯は寧ろ多數正犯と稱さるるに依りて明確に其意義を表示せしむることを得べし、副正犯即ち多數正犯とは他人と協力して犯行を爲したる行爲者にして法律上其共同實行の關係を認め難きものを曰ふ故に副正犯と共同實行犯とは他人と協力して犯行をなす行爲者なる點に於ては全然同一なりと雖も行爲者が自己の行爲及び他人の行爲間には共同實行の關係ある事實を觀念したるや否やの點に於て區別す例之共同實行なる觀念よりして同時に同一人を傷害したる罪又は過失罪たる犯行を實行したる罪人の如きは副正犯なりとす。

第二必要的共犯　必要的共犯とは其性質上罪人に依り犯さる可き罪即ち内亂罪、兇徒聚集罪、三人以上の兇徒逃走罪其他の行爲者を曰ひ所謂普通の共犯即ち任意的共犯に相對するもの

なりと雖も必要的共犯は畢竟共同實行者に過ぎざるを以て此區別は只沿革上の價値を有するに過ぎず

第三事後共犯　事後共犯とは罪の成立後之を幇助する者を云ふ蓋し事後共犯を以て共犯の一種と爲すべきや否やは共犯の定義如何に依りて決す可き問題にして共犯に付き如何なる定義を附するも學者の自由なり、故に今之を共犯と爲す見解の是非を速斷し難しと雖も予は上述の如き共犯の成立する行爲及び他人が犯意を要する罪を犯したる事實を必要とすと前提したるを以て他人が犯したる罪に對し事後に於て加功する行爲の如きは解釋上之を共犯と曰ひ能はざるや明瞭なりとす　予は事後共犯を以て共犯の一種となす見解には到底贊同するに躊躇すれども事後共犯を以て總則の範圍に屬するものとし一般に事後共犯を所罰する必要なきや否やは早晚刑法界の一大問題たる可しと信ず。

第四「犯行團體　犯行團體に一定の罪を犯すことを目的とするものの例は掏摸を爲すことを目的とするものあり、獨乙刑法學者は是を「コムプロット」と曰ふ、又は不定の罪を犯すことを目的とするものあり、獨乙刑法學者は之を「バンド」と曰ふ犯行團體は屢は共犯を生する動機と爲るものなりと雖も此團體に屬する故を以て直に之を共犯者なりと速斷することを得ずして各個の塲合に付き尙ほ共犯の要件の有無を判定せざるべからず、現行刑法は總則としては犯行團體に付き何等の規定をも設けずと雖も各本條に於ては二人以上なる故を以て刑を加重し又は多衆の集團なる故を以て始めて罪を成立せしむることあり前刑法改正案は各本條の刑の範圍を擴張したる結果二人以上なる故を以て刑を加重する必要を減却したるに依り犯行團體の存在するも敢て刑を加重せず從ふて現行刑法第百七條の如き規定をも不用なりとし刑の輕重は法定の範圍内に於て一に判事の裁量するところに一任したり、予は此前改正案が二人以上の故を以て刑を加重する法制を認めざりしことを可ならずと思料すと雖も尙上述の如き救濟あり判事にして若し適任なりせば予の憂亦杞憂に過ぎざるべし只一般に犯行團體に加入する行爲は之を罪とするの必要甚だ切なりと信ず。

第十二章　酌量減輕

第六十六條　犯罪の情狀憫諒す可きものは酌量して其刑を減輕することを得

第六十七條　法律に依り刑を加重は又は減輕する場

合と雖も仍ほ酌量減輕を爲すことを得

第十三章　加減例

第六十八條　法律に依り刑を減輕す可き一個又は數個の原由あるときは左の例に依る

一　死刑を減輕す可きときは無期又は十年以上の懲役若くは禁錮とす

二　無期の懲役又は禁錮を減輕す可きときは七年以上の有期の懲役又は禁錮とす

三　有期の懲役又は禁錮を減輕す可きときは其刑期の二分の一を減す

四　罰金を減輕す可きときは其金額の二分の一を減す
五　拘留を減輕す可きときは其長期の二分の一を減す
六　科料を減輕す可きときは其多額の二分の一を減す

第六十九條　法律に依り刑を減輕す可き場合に於て各本條に二個以上の刑名あるときは先つ適用すへき刑を定め其刑を減輕す

第七十條　懲役、禁錮又は拘留を減輕するに因り一日に滿たさる時間を剩すときは之を除棄す罰金又は

科料を減輕するに因り一錢に滿たさる金額を剩すとき亦同し

第七十一條　酌量減輕を爲す可きとき亦第六十八條及ひ前條の例に依る

第七十二條　同時に刑を加重減輕す可きときは左の順序に依る

一　再犯加重

二　法律上の減輕

三　併合罪の加重

四　酌量減輕

第二編　罪

第一章　皇室に對する罪

第七十三條　天皇、太皇太后、皇太后、皇后、皇太子又は皇太孫に對し危害を加へ又は加へんとしたる者は死刑に處す

○「危害を加へんとしたるもの」の意義「倉富所說」　現行刑法に加へんとしたるものとせるを其儘襲用したのであるが、曾て實例の生したることもないから裁判例などを引て此意義を明かにすることは出來ないけれ共詰まり未遂などよりは區域が廣いものと考へる、併し單純に心の中で考へて居ると云ふ如きは之には含まない積りである、尤も上の「危害を加へ」なる語に苟くも有形の行爲は總て含まるゝてはないかとの議論に首肯することは出

來ない、假へ有形の行爲があつても少しも危害の無い事例もあらうと思ふ、故に「危害を加へ」と云ふ文字があれば「危害を加へんとしたもの」との文字は不必要であるとは云ひ難い、而して他の犯罪の場合には危害を加へんとしたるものの程度に逹する法律語即ち既遂犯とか豫備とか云ふ區別があるけれ共、本條の危害を加へんとしたるものの中には總て之を包括する趣意であらうと思ふ。

○三后「同上」　成程現行刑法には三后と云ふ文字を用ひ此法には殊更に太后、皇太后、皇后としてある、此三后と云ふは古來の慣用語で其趣旨も判明して居るけれ共、一層之を明瞭にしたが克からう、又皇室典範などにも皇太后とか太皇、皇后と云ふ文字があつて憖か三后の文字は使て居ない樣に思ふ、唯之を明かにすると云ふ趣旨に外ならぬのである。

第七十四條　天皇、太皇太后、皇太后、皇后、皇太子又は皇太孫に對し不敬の行爲ありたる者は三月以上五年以下の懲役に處す

神宮又は皇陵に對し不敬の行爲ありたる者亦同し

○神宮「同上」　神宮とは全く伊勢の大神宮のみを指したのである。（本書大體に通ずる修正理由のヶ所參照）

○皇陵「平沼學士」　皇陵なる字義は現行刑法立法の當時より御歷代の天皇の御陵と云ふことに解して居る、宮内省の方に於ては皇陵と云ふ用例はないので、歷代の天皇三后太上天皇贈太上天皇に在らせられた御方の御墓を稱へて「御陵」と云ひ、其他の皇族の御墓は總て御墓《ゴボ》と唱へて居る、詰まり本法に皇陵と云へるは用例と爲つて居る御陵より意味が狹いのである。

第七十五條　皇族に對し危害を加へたる者は死刑に處し危害を加へんとしたる者は無期懲役に處す

第七十六條　皇族に對し不敬の行爲ありたる者は二月以上四年以下の懲役に處す

第二章　內亂に關する罪

第七十七條　政府を顚覆し又は邦土を僭竊し其他朝憲を紊亂することを目的として暴動を爲したる者は內亂の罪と爲し左の區別に從て處斷す

一　首魁は死刑又は無期禁錮に處す

二　謀議に參與し又は群衆の指揮を爲したる者

は無期又は三年以上の禁錮に處し其他諸般の職務に從事したる者は一年以上十年以下の禁錮に處す

三　附加隨行し其他單に暴動に干與したる者は三年以下の禁錮に處す

前項の未遂罪は之を罰ず但前項第三號に記載したる者は此限に在らす

○政府顛覆「倉富所說」　暴力を以て内閣を更迭する、即ち政府の顛覆であると思ふ。

○邦土の僭竊「同上」　文字の示す如く國土を取ると云ふものである。

○朝憲紊亂「同上」　天皇の大權は憲法で定まつて居る、其大權を變更する樣な事を目的として暴動を起す場合は即ち朝憲紊亂である、之れは餘程廣き意味を有するので憲法に規定してあることを想像すれば種々な事柄があらうと思はれる、時として事皇室に關する樣な場合が無いとも云へぬ。

○「內亂罪と爲し」とせる所以「同上」 特に「內亂罪と爲し」とせるは立法上の便宜を圖たのに過ぎない、第七十七條の處にも「內亂の豫備又は陰謀と書いてある、即ち內亂とは如何なるものを指すかと云ふことを本條に示し置くときは便利があるから殊更に此六字を書き加へたのである

○國事犯の死刑廢止「衆議院は此修正說を可決したれ共兩院協議會は於て貴族院の反對の爲め讓步せり、廢止首唱及反對論旨は」 國事犯なるものを法律が優待する制度は今日多くの國に於て採用して居る、尤も學說として國事犯は一般犯罪より虛待するか若くは

少くとも他の犯罪と對等に見ると云ふ説もあつて、國により此説を採用したる時代もある、從つて學説を基礎として必しも何れが宜いかと云ふ論斷は出來ないけれ共、日本の歷史は從來國事犯を優待して居る、殊に或種の國事犯に對しては榮典を授けられて居るのである、一二の例を示せば西鄉隆盛の國事犯の如き內亂罪の首魁として是程危害を社會に及ぼしたものはない然るに天朝に於かれては其積年の功勞を思召されて正三位を贈り遺族には侯爵を賜はつて居る、即ち國事犯者に對しては多くの同情を拂はれたる一の實例になるであらう、此頃思召に依つて位階を賜はり或は陞敍せられたる故人中にも其當時に於ける國事犯者が最も多くを占めて居る、現に死刑に處せられたるもの吉田松陰であるとか橋本佐內であるとか賴三樹三郎であるとか死刑に處すと云ふ宣告を受けて其執行を受けたものが今日位記を賜はると云ふ次第になつて居る、畢竟我邦の國體竝に歷史の美しき風として國事犯者を優待する事柄になつて居ると思ふ、國事犯を重く罰するとか輕く罰するとか云ふことには各々根據があるが、併しながら我國に於ては輕く見若しくは後に於て其罪を消滅せしめてやると云ふ方針を採られて居るのである、此刑法が國事犯に特に懲役よりも名譽を維持す可き刑即ち禁錮に處すと規定したるも全く此趣旨に相違ない、要するに國事犯に死刑を存置する必要は無いものと論定すべきである。「倉富反對」刑法典から全然死刑を廢止されたなら又格別であるけれ共、苟も刑法中に死刑を存せらるる以上は矢張內亂罪に就ては死刑存置の必要があらうと思ふ、成程內亂罪の內容には公共の爲め等の事情存することは何人も認むと雖も、併し其事情があるからと云ふて一概に死刑を廢止せんと論ずる者に直ちに雷同し難いことである、此内亂に關する罪の中には種々の事柄が含まれて居る、單純に政府を顚覆するの目的なれば或は反對論者の理由當を得るやも知れされ共、其次に「邦土の僭竊」「朝憲の紊亂」と云ふところが一の目的と爲つて居る、斯くの如き犯罪は其實質は皇室に對する犯罪と爲るのである、本編は第一章皇室に對する罪、第二章內亂に關する罪と類別してあるが、第一章は單純に皇室に關係あるところの方々の生命又は身體等に對する罪を規定したので、第二章には甚だ如何はしき例なれ共、皇室典範に定めてある皇嗣の順序を變更すると云ふ樣なことなどが「朝憲紊亂」の中に含まれて居る、果して斯くの如き事柄の含まれたる犯罪なりとすれば刑法典上苟くも死刑制の存置せらるる以上之を死刑に處すると云ふことは最も適當であらうと思ふ、彼の十年の役に於ける西鄉隆盛の如きは正三位も贈られ優待されては居るけれ共、併し西郷隆盛は其當時處刑されて居ない、彼に屬して當時國事犯を犯した者は多數死刑に處せられて居る、其外橋本左內、吉田松陰などの事例に就ては全く時の趨勢を異にして居る、今より之を見れば餘程其犯情の輕い國事犯と思うのがある、之等の事例があるために死刑を削らねばならぬと云ふ論旨は聊か首肯し難い、要するに內亂に關する罪なるものは一言にして之を云へば國事犯であるけれ共、其中に種々の事情を含んて居る犯罪であるから、之を死刑に處する必要があると思ふ。「贊成論據」國事犯なるものは之を國家、日本國に對する罪と見るを適當とする、決して皇室に對する抔と云ふことは名稱上或は慣習の然らしむる嫌があるかも知れぬけれども決してさうでない、第七十七條の罪の如きは純然たる國事犯即ち政治に對する罪であつて、政治に對する罪と皇室に對する罪を混亂すると云ふこ

リ

とは甚だ宜しくない、朝憲云々の文字がある、朝憲と云へば國家を組織經理するところの憲法其他重要なる法律は多く朝憲と云ふ中に加へらるるであらう、併し憲法に對する罪があつたからとて是は欽定せられた憲法に對するので、天皇に對する罪だと云ふ道理はない、如此意思は毫厘も加はつては相成らぬ、即ち憲法に對する罪と雖も取りも直さず國事犯であつて決して皇室に對する抔の意味は毫厘も含まれて居らない、若し其點から云へば暴動を爲さざる政論も常に其政府の趣意に反對して居る、反對在野黨より出づる種々な議論も皇室に對する論難と云はなければならぬ、是亦毫厘も主權者たる皇室に反對する意味は含んで居らぬのである、國事犯は此趣旨に一の暴行なる手段を加味したるに過ぎない、即ち當路の政治家、時の政府に對する不平を言論を以てすれば堂々たる反對論で立憲政體下の相當なる道に出でたるものと云ひ得べきにも拘らず、反對主張のため是非を辨別するの遑まなく遂に其行動道を過つたと云ふだけに止まるのである、然るに政權者が其反對者を遇するに當つて回復し得べからざる死刑に處する、即ち自己の意見當時の政府の意見に反對せんとして之を單に暴動に訴へたと云ふだけを以て之れに死刑なる極刑を科すると云ふは甚だ其途を得ないことと思ふ、成程維新前と今日は時の趨勢を異にするに相違ないけれども、世は常に活動進歩しつつあるから。立法者は將來をも顧みることを爲さなければならぬ。

○刑法起草委員の國事犯處分論「谷野學士所論」　蓋し刑法は社會の進歩と共に漸く舊時の客觀主義に傾き、犯行の主觀的情狀が頗る憐むべきものありとするも其客觀的の事實が務めて抑制すべきものなりとせば寧ろ嚴刑を科すべしと爲すに至れり、而して國事犯罪を客觀的に觀察すれば、社會に與ふる損害の甚大なることは寔に酸鼻すべきものあるにあらずや、近時の立法に於ても定役の有無を以て常事罪の刑と所謂國事犯の刑とを區別するは事實なれども、此二者を區別するは二者に別異の待遇を與ふる思想に根據するものにして必しも以て國事犯を優遇せんとするにあらざるべし。

第七十八條　內亂の豫備又は陰謀を爲したる者は一年以上十年以下の禁錮に處す

第七十九條　兵器金穀を資給し又ば其他の所爲を以て前二條の罪を幇助したる者は七年以下の禁錮に處す

第八十條　前二條の罪を犯すと雖も未た暴動に至ら

ざる前自首したる者は其刑を免除す

第三章　外患に關する罪

○戰事に於ける軍事上の利益を保護するに在り「法調」　本章は現行刑法第二章第二節を修正したるものにして、主として戰時に於ける帝國の軍事上の利益を保護するを目的とす（前刑法改正案第二編第三章）

第八十一條　外國に通謀して帝國に對し戰端を開かしめ又は敵國に與して帝國に抗敵したる者は死刑に處す

第八十二條　要塞、陣營、軍隊、艦船其他軍用に供する場所又は建造物を敵國に交附したる者は死刑に處す

兵器、彈藥其他軍用に供する物を敵國に交附したる者は死刑又は無期懲役に處す

○艦船 （第一條の船舶參照）

第八十三條 敵國を利する爲め要塞、陣營、船舶、兵器、彈藥、滊車、電車、鐵道、電線其他軍用に供する場所又は物を損壞し若くは使用すること能はさるに至らしめたる者は死刑又は無期懲役に處す

第八十四條 帝國の軍用に供せさる兵器、彈藥、其他直接に戰鬪の用に供すへき物を敵國に交附したる者は無期又は三年以上の懲役に處す

第八十五條 敵國の爲めに間諜を爲し又は敵國の間

諜を幇助したる者は死刑又は無期若くは五年以上の懲役に處ず

軍事上の機密を敵國に漏泄したる者亦同し

第八十六條　前五條に記載したる以外の方法を以て敵國に軍事上の利益を與へ又は帝國の軍事上の利益を害したる者は二年以上の有期懲役に處す

第八十七條　前六條の未遂罪は之を罰す

第八十八條　第八十一條乃至第八十六條に記載したる罪の豫備又は陰謀を爲したる者は一年以上十年以下の懲役に處す

第八十九條　本章の規定は戰時同盟國に對する行爲

に亦之を適用す

○戰時同盟國の意義「倉富所說」　無論戰時中の攻守同盟を指す

第四章　國交に關する罪

○國交に關する罪の立法例「倉富所說」　國交の罪に就ての各國立法例は區々に涉つて到底一致せない、或は獨乙の如く自國の君主に對する大逆罪を標準として少し刑を輕く定め自國に對する大逆罪の行爲を外國の君主に對して犯したるときは云々の刑に處すと云ふやうになつて居るのもある、通常の犯罪に刑を加重すると云ふ例もある、或は又此法の如く特別の規定を設けて居る例もあるけれ共、此中にも相互條件を設けて外國て自分の國の君主に對する犯罪者を此の如く處刑するならば自分の國も斯の如く處刑をすると云ふやうな條件附になつて居る例もあるし此法の如く更に何等の條件を要しない例もある、米國などは何うも何等の規定がない様に思ふ、而して本法の趣旨は假へ他の國が我に對し何等の特例を設けざればとて、我國では國の交際上本章の特例を設くるを可とする積りなので、敢て他國の條件如何に拘はらないのである。

○皇族（同上）　外國の皇族に對しては本章に何等特例を設けて居ない、這は外國の我に對する特例と權衡を得せしめんがため殊更に之を避けたのである。

第九十條　帝國に滯在する外國の君主又は大統領に對し暴行又は脅迫を加へたる者は一年以上十年以下の懲役に處す

帝國に滯在する外國の君主又は大統領に對し侮辱を加へたる者は三年以下の懲役に處す但外國政府

の請求を待て其罪を論す

第九十一條　帝國に派遣せられたる外國の使節に對し暴行又は脅迫を加へたる者は三年以下の懲役に處す

帝國に派遣せられたる外國の使節に對し侮辱を加へたる者は二年以下の懲役に處す但被害者の請求を待て其罪を論す

第九十二條　外國に對し侮辱を加ふる目的を以て其國の國旗其他の國章を損壞、除却又は汚穢したる者は二年以下の懲役又は二百圓以下の罰金に處す但外國政府の請求を待て其罪を論す

○國章の意義「同上」　矢張一種の徽章とも云ふ可きもので、其國を表明するために公使館などの門に掛けてある樣な類のものを指すのである、現に英國の公使館にも掲げられてある。
○請求を待て論ずる所以「仝上」　本條及前二ヶ條に外國政府又は被害者の請求を待て其罪を論ずる旨規定せる所以は、要するに此種の犯罪は通常人に對する誹毀罪とでも云ふ可き性質の犯罪であるから、其被害者の意思如何に拘はらず直ちに犯人を罰するは却て被害者の意思と背る樣な塲合があるかも知れないからである、併し一方は外國政府などであるからして通常の親告罪の如く告訴の手續に依るは適法でないから單純に請求を待てと規定したのである。

第九十三條　外國に對し私に戰鬪を爲す目的を以て其豫備又は陰謀を爲したる者は三月以上五年以下

の禁錮に處す但自首したる者は其刑を免除す

第九十四條　外國交戰の際局外中立に關する命令に違背したる者は三年以下の禁錮又は千圓以下の罰金に處す

第五章　公務の執行を妨害する罪

第九十五條　公務員の職務を執行するに當り之に對して暴行又は脅迫を加へたる者は三年以下の懲役又は禁錮に處す

公務員をして或處分を爲さしめ若くは爲さざらしむるため又は其職を辭せしむるため暴行又は脅迫

を加へたる者亦同し

○罪質と刑「平沼學士」　職務執行を妨害する罪と云へば單純なる如く見ゆるけれ共、實際の情狀は隨分區々に渉るであらうと思はれる、乃ち被告人と爲るものゝ身分或は罪を犯すに至つたる事情等種々に爲り得るのであるが故に、其刑も懲役に限るは隱當でない、場合に依ては禁錮の刑に科し其狀情に適當せしむ可き必要があらうと考へ、殊更に懲役又は禁錮云々としたのである。

○第一項に「之を暴害せんがため」の數字を加へ科刑を輕くす可し。

「衆議院に於て如上の修正說提出されたれ共否決となる、提出論旨は」

本條は官尊民卑の幣を認めたる舊式刑法の遺物である、成程公務員の採る職務は貴重なるに相違ないけれども、其職務の執行を妨げざる限りは通常人に對する暴行脅迫と同樣に見て宜からう、職務を妨害すると云へば公の權力の執行を妨げることがらになるからしてそれに伴ふ暴行脅迫は普通の暴行脅迫より重く見るを適當とするけれども唯職務執行の際妨害も何もせず　假へば稅務署の役人とか巡査とか云ふものが令狀を持つて來た折りに手を振り上げるとか自分の家に這入ればぶんなぐるぞと云ふ言葉を使つて脅迫を加へたために三年以下の懲役に處すると云ふことは甚だ酷であると思ふ、　殊に斯くの如き犯罪の對手者と云ふものは多く小官吏に限るのである、　取りも直さず本條は小官吏をして跋扈せしめ普通人民をして國家を怨ましむるところの條文に過ぎない、　要するに此條文を適用すべき塲合は殊更に職務に對し妨害するため暴行脅迫をした者に限つて其他は一般の規定に據るを至當とし又其刑も成るべく輕くせなければならぬ。

○公務員侮辱罪

［帝國議會の議に於て刪除］

（草案第九十六條、公務員の職務を執行するに當り其面前に於て侮辱を加へ又は其面前に非ずと雖も公然其職務に對し侮辱を加へたる者は三百圓以下の罰金に處す公務所に對し公然侮辱を加へたる者亦同じ）

○削除説論旨　進歩せる今日の刑法典中に公務員侮辱なる特別の侮辱罪を置くべき必要は更に認められないのである、其所以は本法第二百三十一條に一般の侮辱罪が規定せられてあるにも拘らず、公務員に限つて一般の侮辱罪と官吏に對する侮辱罪と個々別々の規定を設け別々の刑罰を加へると云ふは、何等の根據も有り得べからざるのである、然らば現行刑法を襲踏して其まゝ此第九十六條の規定を置たかと云ふに敢てさうでもない、即ち現行刑法の官吏侮辱罪は一種重い體刑を科せられて居つて、此法の侮辱罪とは其因て來る趣旨を異にして居る、して見ると現行刑法の規定を其儘襲踏したのでもない、要するに此刑法改正案に於て新規に一種異樣なる公務員侮辱罪を置いたのは、抑も其理由が分らないのみならず、又毫も其必要を認められないから、本條は全然之を削除するを以て當を得たものと云はなければならぬ、曾て刑法改正案が衆議院の議に上りし際特別委員會は滿場一致を以て此公務員侮辱罪の削除を可決したことがある、「平沼學士」公務員侮辱罪は現在の狀態に於て尙ほ存置して置く必要があらうと信じて居る、此法に一般侮辱罪の規定はあるけれ共、公務員の其職務執行に對する侮辱罪は刑法上特例を設けて置くのが適當であらうと考へる。

○刑法起草委員の官吏侮辱罪に關する法制論「法學士谷野格氏所論」官吏侮辱罪に關しては理論上凡そ三樣の法制を相像することを得べし而して此三樣の法制は概ね刑法の沿革に於ても亦之を認む

ることを得。

第一　總て官吏に對する侮辱を特別の侮辱罪と爲す法制　此法制の中に付ても身分の高下に依り數多の特別の侮辱罪と爲すものと單に一個の特別の侮辱罪と爲すものとあり得べし。

第二　官吏に對する侮辱は職務に關する侮辱に限りてのみ之を特別の侮辱罪と爲す法制　此法制は沿革上より謂へば漸く第十九世紀の初めに於て唱導せられたる說にして亦之を身分の高下若は種類に依り數多の特別の侮辱罪と爲す法制と單に一個の特別の侮辱罪と爲す法制とに分つことを得而して職務に關する侮辱に限り身分の高下又は種類の如何を問はず單に一の特別なる侮辱罪と爲す法制は我刑法の採用せる主義なりとす。

第三　官吏に對する侮辱を特別の侮辱罪と爲さゞる法制　此

法制は沿革上最近に發達せるものに屬し官吏と雖も其名譽傷害に關しては特に之を通常人と區別する必要なしとするの思想に根據するものなり獨逸刑法は此法制を採用せり。

官吏侮辱罪に關しては上述したる如く種々の法制を想像することを得べしと雖も余は少くとも現時に於ては職務に關する官吏侮辱及職務執行中の官吏侮辱は之を特別侮辱罪と爲す必要を感ずるものなり。

第九十六條　公務員の施したる封印又は差押の標示を損壞し又は其他の方法を以て封印又は標示を無效たらしめたる者は二年以下の懲役又は三百圓以下の罰金に處す

第六章　逃走の罪

第九十七條　既決、未決の囚人逃走したるときは一年以下の懲役に處す

○未決囚逃走と既決囚逃走との間にの刑區別なき所以「倉富所說」

本法は全體に亘る主義としてなるべく細區別を設けないで、多くの場合は刑の範圍内で適當に處分させやうと云ふのである、本條に於てもまた既決の囚人未決の囚人の細區別をする必要は認めないのである、現に現行刑法もやはり既決未決の囚徒の逃走は同一になつて居つて唯處分法を少しく異にする丈けである樣に思ふ、而して彼の保釋責付の許可を得て居るものが何れの地に逃走したればとて本罪を構成せぬことは論ずるを俟たない。

○勞役場に留置せられたるものの逃走「同上」　勞役場に留置せられたるものは固より既決未決の囚でないから本條に包含しない、又本法は之等留置人が自ら逃走せる場合の規定は別に設

けて居ない。何れ之等は命令か何かて規定することに爲るてあらうと思ふ、而して次條以下に於て他の者が留置人を奪取し又は逃走せしめたる場合の規定は設けてある。

〇既決囚が刑期中犯せし逃走罪の刑の執行（同上）　既決囚が其刑期内逃走して刑の言渡を受けたるときは、其前に言渡された刑の執行を終るか又は後の罪が重ければ後に言渡されたる刑の執行を終り前の刑を執行することゝ爲つて居る、假へば十年の刑に處せられたる囚人の逃走罪一年に該るときは先づ前の十年の執行を終り更に一年の刑を執行することゝ爲る、

第九十八條　既決、未決の囚人又は勾引狀の執行を受けたる者拘禁場又は械具を損壞し若くは暴行、脅迫を爲し又は二人以上通謀して逃走したるときは三

月以上五年以下の懲役に處す

○「暴行脅迫を爲し」と「暴行脅迫を加へ」の意義〔同上〕　此法は大體對手人のあるときは「加へ」と云ふ文を用ひ、其他の場所は爲しとの文を用ふるのである、本條は拘禁場械具を破壞し若しくは暴行脅迫を爲しと云ふので別に對手人か無いから「爲し」の語を用ひたのである。

第九十九條　法令に因り拘禁せられたる者を奪取したる者は三月以上五年以下の懲役に處す

○法令に依て拘禁せられたる者の意義〔同上〕　法令に依り拘禁せられたる者と云ふは既決未決の囚人と云ふよりも範圍が廣い例へば罰金を完納せざるが爲め勞役場に留置せらるゝものゝ又は精神病者看護法に依て感化院に拘禁せられたるもの　或は放り

蕩無頼の幼年者にてし拘禁せられたる者等法令の規定を以て本人の自由を拘束する場合ならばやはり此處へ這入るのである、成程其人々が犯人ではないけれ共法律が其人を拘禁して置く必要を認めて居るのにも拘らず他から其人を奪取するとか或は法律に背いて逃走せしむるやうなことをすれば其奪取し逃走せしめた者を罰するのは必要であらうと思ふ、但し其犯情に於ては大に輕重の差異があらう。

第百條　法令に因り拘禁せられたる者を逃走せしむる目的を以て器具を給與し其他逃走を容易ならしむ可き行爲を爲したる者は三年以下の懲役に處す

前項の目的を以て暴行又は脅迫を爲したる者は三月以上五年以下の懲役に處す

第百一條　法令に因り拘禁せられたる者を看守又は護送する者被拘禁者を逃走せしめたるときは一年以上十年以下の懲役に處す

第百二條　本章の未遂罪は之を罰す

第七章　犯人藏匿及ひ證憑湮滅の罪

第百三條　罰金以上の刑に該る罪を犯したる者又は拘禁中逃走したる者を藏匿し又は隱避せしめたる者は二年以下の懲役又は二百圓以下の罰金に處す

○罪を犯したる者「同上」　犯人であると云ふ事情を知つて之を隱避し藏匿せしむれば本條の罪を構成するのである、敢て起訴後に限らず又假へ裁判の結果其者が無罪であつたからとて本罪構成に影響は無いのである、要するに「犯人なり」との嫌疑を受けて居る者であつたならば本條の罪は構成するのであると思ふ。

○拘禁中の意義〔同上〕　拘禁中とは前條と同じく法令の規定に依り拘禁せられたる者全體を籠める積りである、固より精神病者などは犯人ではないから本章の標題と合はないけれ共本法中章名より内容の廣き箇所は他に幾つもある。

第百四條　他人の刑事被告事件に關する證憑を湮滅し又は僞造、變造し若くは僞造、變造の證憑を使用したる者は二年以下の懲役又は二百圓以下の罰金に處す

第百五條　本章の罪は犯人又は逃走者の親族にして犯人又は逃走者の利益のために犯したるときは之

を罰せす

第八章　騷擾の罪

第百六條　多數衆合して暴行又は脅迫を爲したる者は騷擾の罪と爲し左の區別に從て處斷す

一　首魁は一年以上十年以下の懲役又は禁錮に處す

二　他人を指揮し又は他人に率先して勞を助けたる者は六月以上七年以下の懲役又は禁錮に處す

三　附和隨行したる者は五十圓以下の罰金に處す

○「騷擾の罪と爲し」の意義「同上」　罪と爲しと規定したるは第八章の題名に騷擾の罪と云ふ見出しがあるにも拘らず本章の法文中少しも騷擾云々の事項がないからして、果してどれが騷擾の罪に當るかと云ふ點が不明瞭であると思はれるから　註釋めいた文字を加へたまでに過ぎない　之等の文字は假へ條文中より之を省くも其意義に於て支障はない。

第百七條　暴行又は脅迫を爲すため多衆聚合し當該公務員より解散の命令を受くること三回以上に及ふと雖も解散せさるときは首魁は三年以下の懲役又は禁錮に處し其他の者は五十圓以下の罰金に處す

（草案第百八條、公務員より解散の命令を受くると雖解散せざる時はに處す）

○解散命令を受くること三回以上に及ぶも尚ほ解散せざるときは……………に處す」「衆議院に於て如上の修正說可決せられ確定法文となる、提出論旨は」

外國の立法例を參照するに何れの國も解散命令を受くると雖も解散せざるときは、と云ふやうな慘酷な規定は設けて居ない、或は解散の命令を爲すことと二回とか三回とか云ふ事柄を限定して居る國もあるし、或は數回と云ふことを書いて居る國もある、或は解散せざるときは嚴罰に處せらる旨を人每に傳つて尙解散せざるときはと書いたのもある、兎に角文明の立法例としては命令を傳ふること三回若くは數回と云ふ位ひにするは最も適當である、試みに我邦に於ける一二の實例を擧ぐれば、彼の鑛毒事件の如きは多數の人民雲龍寺と云ふ寺から川股と云ふ所まで一帶に續いて、此距離は三里もある、此際に於ける警察部の解散命令は雲龍寺で傳へられたのである、然るに其後檢事は既に雲龍寺に於て解散命令を傳へたとすれば川股の方へは無論屆いたものであると推定しなければならぬと云ふ論定を下し、解散命令は實際各所に屆きたるや否やを問はないと云ふ無理なる論法を採つたのである、次に彼の日比谷事件の如き其解散命令は一種奇態なる命令の傳へ方である先づ高橋秀臣と云ふものを拘禁して置いて解散の命令を傳へ此者より電話を以て同志會へ其事を言はせたのである、そして其命令者は電話を聽いたのは何某である故に必ず命令は傳はつたのであると云ふ推定を下した、然るに電話を聽いた方には自分は聽いた覺えがないと云ふやうな主張があつて要領を得なかつたけれども結局警部の面前に於て電話をかけたに違ひないと云ふことのために遂に解散命令は發起人に傳へられたことになつて居る、斯樣なことは實際上或は殘酷に涉りはせぬかと思はれる、今之を命令を傳ふること何回に及ぶも尙解散せざるときと云ふ風に規定して置くとすれば斯かる無理な認定は當らないから、最も實際の狀態に適合することゝ爲るに相違はない、今日總ての國の立法方針は解散の命令を徹底せしむべく種々なる方法を採るやうに要求し且つ成るべく此犯罪を造らないやうにとの注意を加へて居るにも拘はらず解散命令は單に形式に言へば足りるのであつて事實人々に徹底すると否とを問はぬと云ふ不親切極まる所の立法例を創めるは忍び難いことである、斯くの如にして可重に親切に解散の命令を人々に徹底せしめて及ぶ可くば妄りに本罪を造らない樣の手段を採らなければならない、故を以て本條に三回以上云々の補修を爲すは最も機宜に適ふ修正と云ふべきである。

第九章　放火及ひ失火の罪

第百八條　火を放て現に人の住居に使用し又は人の現在する建造物、瀛車、電車、艦船若くは鑛坑を燒棄したる者は死刑又は無期若くは五年以上の懲役に處す

○汽車電車「平沼學士」　汽車電車と云ふは決して類例を示したのではない之丈に限つたのである、若し此制限を設けず單に「車」とのみ云ては遂に人力車などまど這入ることゝ爲り其範圍廣きに失するの虞れあるからして結局瀛車電車にのみ限つたのである、併し自働車の如きものに就ては將來或は瀛車電車と同樣に規定するの必要あるかも知れざれども、現在は自働車の中にも僅か一二人しか運搬することの出來ないやうなものもあつて其範圍を一定することが六ヶ敷い、故に此法は先づ瀛車電車に限

つて置いたのである、併しながら之が爲めに實際上の取締を缺く樣な憂は少ない、即ち殺人の意思を以て遣るときは殺人罪と爲り、他の意思を以て遣るときは放火罪にならずとも毀棄物の條に該ることに爲る。

○科刑の範圍「同上」　殺人罪と放火は共に最重刑は死刑である、然るに殺人罪の刑の最短期は三年となり居るにも拘らず放火罪の最短期は五年と爲つて居るは聊か權衡が保たれて居ない樣に見へるかも知れない、併し本來此刑法に於て刑の程度の定め方に就て確然たる標準の存するのでもないが、通例最重刑が死刑のときは最短期は五年、最重刑か無期のときは最短期は三年位ひとして居るのである、而して殺人の最短刑を三年としたのは全く殺人罪の內容に種々の事情が含まれて居るからして一の例外とでも云ふ樣な規定をしたのであつて、本條の五年が寧ろ一般の例なのである。

○「瀛車電車の下に「其他一定の動力を用ひて多數の貨客運搬の用に供するもの」の三十六字を挿入す「衆議院に於て如上の修正説を可決し兩院協議會の議に於て確定法文と爲る其論旨は」　本條が瀛車電車にのみ限つたことに付いては起草者に別段の理由はないのである、併しながら瀛車電車にのみ限りしは少なくも今日の狀態に適せないと思ふ、現に最早や行はれて居る將來益々行はるべき彼の自働車の如きものに對して之を破壞するとか若くは轉覆するとか燒棄するとかの害は決して電車に讓らぬのである、また茲に石油「えんじん」を以て運轉する車が出來たとしても是も瀛車電車にあらざるが故に轉覆燒燬したるものに對して刑を適用することは出來ぬと云ふ結果になるのである、我國進步の趨勢よりすれば或は明日にも壓搾空氣を動力として運轉する車が發明せらるるかも知れないにも拘らず矢張り之等に對して刑法を適用するを得ないことになる、現に此現行刑法は船舶滊車と書いてあるからして時勢の進歩せる今日電車が出來て見ると之に對して刑法を適用ずることが出來ぬと云ふ不都合なる結果を見るのである、故に本法に於ては斯くの如く種類を列記することをせず概活的に上に示す如き修正を加へ置くときは時勢の進歩に伴はれて如何樣なる交通機關が發明せらるるとも其交通機關を破壞若くは轉覆すると云ふ行爲に向つて此刑法を適用し得ることと爲る、元來立法の本旨は之等多數の場合を網羅するを以て優れりとするのであつて列擧主義は寧ろ拙劣なる立法である、「反對論旨」車なるものの範圍を概活的に廣く規定し置くときは將來に於て新たに發明されたた物に對して之を適用し得るか得ないかに就て每に疑問を生じ、遂に適用を誤るに至るの虞れがある、矢張り此法の如く列擧方法を採り將來說明せらるゝ事物に對して其都度夫れに適應する補修を爲ずを以て最も當を得たものと云はなければならぬ。

第百九條　火を放て現に人の住居に使用せす又は人の現在せさる建造物、艦船若くは鑛坑を燒棄したる者は二年以上の有期懲役に處す

前項の物自己の所有に係るときは六月以上七年以下の懲役に處す但公共の危險を生せさるときは之を罰せす

○「人の住居に使用せず」の意義（同上）　犯人以外何人（家族）も住居して居ない家を指したのである、犯人のみ住居して居る場合は勿論「人の住居に使用せず」の內に這入らなければならぬ。

○第二項但書の意義「同上」　「但公共の危險を生ぜざる場合」とは假へば自分の所有に係る破れた小船などを燒いて別に他に延燒等の事もない樣な場合を指したので之等の場合は强いて處罰するの必要も認め兼ねるから特に此但書を置いたのである、併し此延燒せないと云ふことは事後の結果が延燒せなかつたからと云ふの意味ではなく、　本來延燒の虞れが無いと云ふ場合を指したのである。

第百十條　火を放て前二條に記載したる以外の物を燒棄し因て公共の危險を生せしめたる者は一年以上十年以下の懲役に處す

前項の物自巳の所有に係るときは一年以下の懲役又は百圓以下の罰金に處す

○前二條に記載したる以外の物「同上」　以外の物とは有ゆるものを包含せしめて居るのである、假へば極めて些細なる物煙草盃一箇、藁一策を燒いても其燒方に依つては公共の危險を生じ得る場合が往々豫想されるであらう。

○本條に因て「公共の危險を生ぜしめたる者」とせる所以「同上」　本法の趣旨は必しも他人の財產に害を及ぼすことを公共の危險を生じたものと云ふのではない、此法の組立は火を放つ物體の如何に依て例へば家とか船とか云ふ樣な物は之を燒くと云ふ事柄が直ちに公共の危險を生ずるものと法は推定して居る。煙草盃一個紙一枚を燒くと云ふ樣なことは常に必ずしも公共の危險を生ずるものとは見て居らぬ、從て本法は事態其物が當然公共の危險を生ずべきものと認むるときは殊更に公共の危險なる條件を設けては居ない、同時に事體其ものが當然公共の危險を生ずべきものと認め兼ねる場合に限り特に公共の危険云々の條件を設けて居る。

第百十一條　第百九條第二項又は前條第二項の罪を犯し因て第百八條又は第百九條第一項に記載したる物に延焼したるときは三月以上十年以下の懲役に處す

前條第二項の罪を犯し因て前條第一項に記載したる物に延焼したるときは三年以下の懲役に處す

○「第百九條二項の罪を犯せし」の意義〔同上〕　第百十條二項は公共の危険を生せざるときを罰せないとすれば罪ではないのである、夫れにも拘はらず本條に於て「第百九條二項の罪を犯し云々」と規定せるは意味を爲さないでは無いかとの疑問もあるへけれ共、併し事後の結果が他に延燒したものとすれば既に事前に於て公共の危險を生じて居たのであるから無論第百九條二項の罪を犯したものと云はなければならぬ。

第百十二條　第百八條及ひ第百九條第一項の未遂罪は之を罰す

第百十三條　第百八條又は第百九條第一項の罪を犯す目的を以て其豫備を爲したる者は二年以下の懲役に處す但狀情に因り其刑を免除することを得

（草案第百十四條但書　但情情に因り其刑を免除す）

○放火罪の豫備「同上」　現行刑法は放火罪の豫備を罰して居ないけれども、放火の豫備には隨分危險ある場合があるから此法では特に之を罰することゝした、併しながら放火罪には種々の狀情があつて假へば離婚又は嫉妬とか云ふ如き前後の思慮もなく放火したと云ふ樣な塲合には既遂でも最も輕き刑を科さなければならぬ事例が多い、之等の事例を想像して見ると假令豫備はしても如何にも之を罰するは氣の毒であると云ふ趣旨からして本條に但書の特例を設けたのである、

第百十四條　火災の際鎭火用の物を隱匿又は損壞し若くは其他の方法を以て鎭火を妨害したる者は一年以上十年以下の懲役に處す

第百十五條　第百九條第一項及ひ第百十條第一項に記載したる物自巳の所有に係ると雖も差押を受け、物權を負擔し又は賃貸し若くは保險に付したるものを燒棄したるときは他人の物を燒棄したる者の

例に同し

○「差押を受け」の意義「同上」　本條の差押は文字の示す通りであつて無論假差押は包含せないのである。

○保險に附したる自己の所有物を燒棄したる場合「同上」　保險に附したる自己の所有物を燒棄したる場合は犯人は保險金を得るの權利なく亦燒棄したる物體は事實自分の物であるから强て之を嚴罰するにも及ばない樣に見ゆるかも知れないが、併し犯人の意思は全く不慮の火災に罹たと云ふ名儀の下に保險金を詐取せんとの手段に外ならないから、事後に於て刑事の取調上判然する結果にのみ依り、之を見る譯にはいかない、又實際斯かる弊が少なくないのであるからして之を嚴罰する必要がある、又之を嚴罰するとするならば、他人の家屋を燒いたものと同等の刑に處するだけの價値はあらうと思ふ、外國に於ても斯かる立法例はあつたと信じて居る。

○賃貸したる自己の所有物を燒棄したる場合「同上」　本條の賃借は賃貸契約に依つて一個の權利を得て居る即はち賃借人は民法上餘ほど保障され保護されて居るところの權利を得て居るのである、而し賃貸人が其目的物を燒棄したる場合に於ても亦た前項の說明ど同樣に貸主が自ら火を放つたと云ふ事實が明瞭になれば餘程害が少なくなるけれども、併し放火の當時容易に事實を明瞭にし難いことが多いのである、矢張り此場合にも保險に附した物を燒棄したと同樣に處罰するの必要があらうと思ふ。

百十六條　火を失して第百八條に記載したる物又は他人の所有に係る第百九條に記載したる物を燒棄

したる者は三百圓以下の罰金に處す
火を失して自巳の所有に係る第百九條に記載した
る物又は第百十條に記載したる物を燒棄し因て公
共の危險を生せしめたる者亦同し

第百十七條　火藥、瀛鑵其他激發す可き物を破裂せし
めて第百八條に記載したる物又は他人の所有に係
る第百九條に記載したる物を損壞したる者は放火
の例に同し自巳の所有に係る第百九條に記載した
る物又は第百十條に記載したる物を損壞し因て公
共の危險を生せしめたる者亦同し
前項の行爲過失に出てたるときは失火の例に同し

第百十八條　瓦斯、電氣又は蒸汽を漏出若くは流出せしめ又は之を遮斷し因て人の生命、身體又は財產に危險を生せしめたる者は三年以下の懲役又は百圓以下の罰金に處す

瓦斯、電氣又は蒸汽を漏出若くは流出せしめ又は之を遮斷し因て人を死傷に致したる者は傷害の罪に比較し重きに從て處斷す

第十章　溢水及ひ水利に關する罪

第百十九條　溢水せしめて現に人の住居に使用し又は人の現在する建造物、汽車、電車若くは鑛坑を侵害したる者は死刑又は無期又は三年以上の懲役に處す

（草案第百二十條　溢水せしめて現に人の住居に使用し又は人の現在する建造物、汽車、電車、若くば鑛坑を侵害したる者は無期又は三年以上懲役に處す因て人を死に致したる者は死刑に處することを得）

○溢水「倉富所說」　溢水とは洪水の際水閘を破壞するとか、其他洪水めきた狀況を起さしむる場合を指したのである、次の第百二十三條に於ても溢水なる文字を用ひて居るけれ共同章は水閘破壞堤防決潰等溢水行爲はあつても而も法律上溢水なる程度に達しない場合を想像したのである、固より其間の區畫を確然と明言することは不能であるけれども、法は自ら其間の差異を認めて居る。

○本條の適用を汽車、電車以外の車に及ぼさゞりし理由「同上」本條も固より人の生命を重んずると云ふ點が主眼に爲つて居るのであるから單に「車」などの用語を採て遂には人力車、荷車等の末に至るまで廣く本條を適用するに至らしむるは法の希望と相容れないから、　茲には汽車、電車と列記して其他の物は次條に所謂以外の物に充當せしむることゝしたのである。

○草按末項に死刑に處することを得としたる所以「同上」　此盜水の場合の本刑は大體に於て無期刑までに止めると云ふ主意を採つたのである、　併しながら其結果非常な害を惹起した即ち末項にある如く其ために人を死にまで致したと云ふ場合ならば死刑、無期刑又は三年以上の懲役に處すと、　一の條件を加へて死刑までに上ぼせやうと云ふのが此法の趣意であるけれども、　之を無期又は三年以上の懲役に處す、　因て人を死に致したる者は死刑、無期刑又は三年以上の刑に處すと書くのは如何にも諄くなるから、　唯人を死に致したと云ふことを條件として、　死刑にまで上ぼせると云ふだけの趣意である、　要するに文辭が重複になるからして「因て人を死に致したる者は死刑に處することを得」と書いたまでゞある。

○本條末文「因て人を死に致したる者は死刑に處することを得」を削り「浸害したる者は」の下「無期」の上に「死刑又は」の四字を挿入す「衆議院に於て上の如く二ヶ各別の修正說可決され兩院協議會の議に於て確定法文となる」　修正の論旨は本法一般の文例に徵するにすることを得」と云ふ以上は取りも直さず裁判主義であつて法律主義と認むることは決して出來ない、凡そ法律の認めて罪とす可き行爲に付假へ一日の拘留拾錢の科料たりとも確然と法律主義に明規するを必要とするのである、決して犯罪とすべきか否かを裁判官の裁量に一任すべきものではない、况んや刑罰中最極刑たる大切なる死刑を裁判官の任意に委ね「何々の時は死刑に處することを得」と云へる如き法條を存するは我刑法典の一大汚點と云はなければならぬ、又假りに此末文の趣旨は法律主義であるとするも死刑なる最極刑を科するに「得」なぞと云へるは法典の體裁並に他との權衡より之を見るも其當を誤つて居る、斯かる法文は速かに之を抹消せなければならない、併しながら溢水罪も放火罪と同じく其結果は實に慘憺たるものがあるから現行刑法の標準を改めて之に放火罪と同樣死刑を適用するの必要はあるであらう、故に毫も顧慮する所なく法律主義として明確に「死刑又は無期」と規定するを要するのである。

第百二十條　溢水せしめて前條に記載したる以外の物を侵害し因て公共の危險を生ぜしめたる者は一年以上十年以下の懲役に處す

侵害したる物自己の所有に係るときは差押を受け

物權を負擔し又は賃貸し若くは保險に附したる場合に限り前項の例に依る

（草案第百二十一條第一項、溢水せしめて前條に記載したる以外の物を浸害したる者は一年以上十年以下の懲役に處す）

○「前條に記載したる以外の物を侵害したる」の意義「同上」「前條に記載したる以外の物」と云ふは頗る汎博な文字にして總ての物を包含するのであるけれども、此「溢水」と云へる事柄は自ら犯罪自體の制限と爲るのである、從つて假へは人の住居に使用しない家、人が現在しない家、若しくは田、畑の類が「以外の物」の重もなるものとなるのである。

○本條第一項侵害しの下に「因て公共の危險を生せしめ」の十餘字を挿入す「衆議院にて如上の修正説可決され兩院協議會の議に於て確定法文と爲る修正論旨」　溢水と放火とは共に天然力を利用し

て結果の慘憺たる狀態を呈するものであつて其性質上刑法の規定も自然權衡を維持するの必要がある、然るに放火の第百十條に於ては「前二條に記載したる以外のものを燒棄し因て公共の危害を生じたる者」は云々と規定し、本條溢水の場合は單に「前條に記載したる以外の物を侵害したる者は」云々と規定して縱令公共の危險を生ずると否とを問はず一年以上の懲役に處すとしたるは頗る其間の權衡を失したものと云はなければならぬ、本條起草の趣旨は溢水なる行爲其ものが現に公共の危險を生ずべき性質のものであるから特に斯る字句を用ひるに及ばないと云ふにあれ共、併し所謂「以外の物」なる語は非常に汎博なる意義を有し何等制限を設けざるに於ては遂には極めて輕微なる物を侵害するも忽ち本條の侵害行爲なりと云ふの決論を生ずるであらう、決して「溢水」なる事柄が犯罪自體の制限と爲り得へきものでは無

い、

「反對理由」　放火罪と溢水罪とは犯罪の內容を異にして居る、即ち放火罪には第一人の住居したる建造物、第二人の住居せさる建造物、第三其他の手輕るな物と區別し、第三の其他手輕なる物は時に放火するも公共の危險を生じない場合があるから第百九條は特に「公共の危險云々」の文字を用ひたのである、而して溢水の罪は概活して之を二箇に分ち單に其標準を人の住居する建造物及其他の物に區別して居る、「其他の物」の中には人の住居しない建造物等重大なる犯罪の目的物を含んで居る、現に第百十九條に溢水せしめて前條に記載したる以外の物を侵害したる者と明規してある、此侵害なる意義は云ふまでもなく公共の危險を生せしむる場合に外ならない、若し溢水に公共の危險を云々を補修すべき必要ありとすれば多くの犯罪は大概斯かる字句を挿入するの必要を生するに至るであらう。

○「一年以上」の削除　「衆議院特別委員會及委員總會に於て本條第一項より更に「一年以上の」四字を削除するの修正說を可決したれ共本會議に於て草案通り復活せり修正論旨　本條に所謂「以外の物」とは有ゆる物を包含するのであるから、遂には塵紙一帖、弊履一足を侵害したる者に對しても尚一年以上の刑を言渡さゞる可らざることゝ爲り實際に適しないから、刑の最短期を限定せざるを以て至當とする。

○各種の犯罪に通ずる刑の最長期及最短期に關する規定の用例

「衆議院に於て本條の一年以上も他との權衡上之を削除すべしとの意見に對する辨明の際、倉富所說」　此法に於ては大體最長期が十年に達するときは短期は一年、長期七年に達すれば短期は六ヶ月、長期五年なれば短期は三ヶ月と云ふ標準に據て居る、而して犯罪の狀情に非常の差異ある罪に付いては短期を定めず或は短期を低くして居る場合がある。
○水害と溢水「倉富所説」　第百十九條第百二十條に云ふ溢水は人爲の溢水に爲つて居る、　本條の水害とは此場合のみに限らないので、　重もに天然の水害所謂洪水の際と云ふことになる。

第百二十一條　水害の際防水用の物を隱匿又は損壞し若くは其他の方法を以て水防を妨害したる者は一年以上十年以下の懲役に處す

第百二十二條　過失に因り溢水せしめて第百十九條又は第百二十條に記載したる物を浸害したる者は三百圓以下の罰金に處す

第百二十三條　堤防を決潰し、水閘を破壞し其他水利

の妨害となる可き行爲又は溢水せしむ可き行爲を爲したる者は二年以下の懲役若くは禁錮又は二百圓以下の罰金に處す

○水利の妨害と爲る可き行爲「同上」　水利の妨害と爲るべき行爲と云ふは如何にも汎博なる意義を有するに相違ない、併し斯かる所爲は之を一々漏さず明瞭に規定すると云ふことは到底出來難いのである、故に余義なく「水利の妨害と爲るべき行爲」としたのである。

○本條の適用あるべき場合「同上」　堤防決潰、水閘破壞等は一種の溢水行爲であるけれ共、本條の想像する所は法が認めて溢水の程度に達したものとする如き場合でない、而して水利に關する罪即ち旱魃の際農業に從事するものゝ間に生ずる種々なる犯罪に本條の適用を見るのである、故に其状情も誠に憫諒すべき塲合もあるからして刑の最短期も之を限定して居ない。

第十一章　往來を妨害する罪

○港埠の損壞「同上」　本法は現行法の「港埠の損壞」なる文字を削つて居る、併し港埠の損壞と云ふは如何なる塲合を指したのであるか想像し難い、或は石垣でも積んであるものを指すると云ふ如き塲合であらうか、果して然らば本法の水路の損壞壅塞に該るかと考へられる、若し否らすは本法は現行刑法の所謂港埠の損壞に關する規定を或は欠如したことになるかも知れない。

第百二十四條　陸路、水路又は橋梁を損壞又は壅塞して往來の妨害を生せしめたる者は二年以下の懲役又は二百圓以下の罰金に處す

前項の罪を犯し因て人を死傷に致したる者は傷害の罪に比較し重きに從て處斷す

第百二十五條　鐵道又は其標識を損壞し又は其他の方法を以て瀛車又は電車の往來の危險を生せしめたる者は二年以上の有期懲役に處す

燈臺又は浮標を損壞し又は其他の方法を以て艦船の往來の危險を生せしめたる者亦同し

第百二十六條　人の現在する汽車又は電車を顚覆又は破壞したる者は無期又は三年以上の懲役に處す

人の現在する艦船を覆沒又は破壞したる者亦同し

前二項の罪を犯し因て人を死に致したる者は死刑

又は無期懲役に處す

第百二十七條　第百二十五條の罪を犯し因て汽車又は電車の顚覆若くは破壞又は艦船の覆沒若くは破壞を致したる者亦前條の例に同し

第百二十八條　第百二十四條第一項第百二十五條及ひ第百二十六條第一項第二項の未遂罪は之を罰す

第百二十九條　過失に困り汽車、電車又は艦船の往來の危險を生せしめ又は汽車、電車の顚覆若くは破壞又は艦船の覆沒若くは破壞を致したる者は五百圓以下の罰金に處す

其業務に從事する者前項の罪を犯したるときは三

年以下の禁錮又は千圓以下の罰金に處す

○「故なく」の三字を削除すべし「衆議院に於て如上の修正說提出されたれ共否決と爲る其論旨は」　總ての犯罪は故なしとか權利なくとかいふことに爲るので特に本條規定の犯罪のみでない、若し本條に之を必要とすれば刑法の各條へこの三字を冠ぶらせる必要が生じて來る、殊に本條には侵入と云ふ文字があるから絕對に必要はないのである、次條に至りて尙更其必要を見ない、現行法にこの文字がある爲め解釋上種々の疑義を生じて居る事は洽く人の識る所である、要するに故なくの文字は現行法の規定を蹂躪したと云ふ以外に何等の根據がない。

第十二章　住居を侵す罪

第百三十條　故なく人の住居又は人の看守する邸宅、

建造物若くは艦船に侵入し又は要求を受けて其場所より退去せさる者は三年以下の懲役又は五十圓以下の罰金に處す

○本條第二項に故なくの文字を用ゐざる理由「倉富所說」　本法は一汎の文例として前項に斯かる文字のあるときは第二項に於ては之を略して居る、其趣意は二項は一項を受けるからといふ積りなのである。

第百三十一條　故なく皇居、禁苑、離宮又は行在所に侵入したる者は三月以上五年以下の懲役に處す
神宮又は皇陵に侵入したる者亦同し

第百三十二條　本章の未遂罪は之を罰す

第十三章　祕密を侵す罪

第百三十三條　故なく封緘したる信書を開拔したる者は一年以下の懲役又は二百圓以下の罰金に處す

第百三十四條　醫師、藥劑師、藥種商、產婆、辯護士、辯護人公證人又は此等の職に在りし者其業務上取扱ひたることに付き知得たる人の祕密を故なく漏泄したる時は六月以下の懲役又は百圓以下の罰金に處す

宗敎若くは禱祀の職に在る者又は此等の職に在りし者其業務上取扱ひたることに付き知得たる人の祕密を漏泄したると又亦同し

（草按第百三十五條第一項……………知得たる人の祕密を漏泄したると

きは…………」

○特許代理業者を加へざりし理由「倉富所説」　本條に特許代理業者を加へるが宜いか何うかと云ふことは多少講究を要するかも知れない、併し本條は現行刑法の第三百六十條から出た法條で、同條は人の陰私に關する規定であつて、陰私を漏告したるものは誹毀を以て論ずとあつて、要するに其人の身上に關する秘密をはじき、其人の名譽を損するやうなことを漏告する制裁を設けたのである、本法に於てもやはり其精神は現行の刑法と同樣であつて、第三者の利益を保護する趣旨ではない、それで故ら特許代理業者は加へなかつたのである、成程他の立法例を見れば政策上第三者の利益に關する秘密を保護したものもないではないが、本章は秘密を侵す罪を制裁すべき規定なので、所謂財產權たる私權保護の規定ではないのである、然るに特許代理業者を茲に入れて彼が事件依頼者の秘密を漏泄したる場合を罰せんとするは取りも直さず特許權なる財產權を保護せんとするに外ならぬ、是等の關係は單に秘密を侵すと云ふ罪の中に入れて適當であるか否やは、直ちに決斷する事が出來ない、又特許權を保護する精神であつたならば法典の體裁としても、特許法に讓つた方が當然であらう、獨逸、伊太利其他各國の刑法も多くは此特許代理業者を入れて居ない、若し特許代理業者を入れる事とするならば彼の破產管財人、執達吏などはより以上之を入れなければならぬと云ふ事になるけれども還は立法の體裁としては破產法又は執達吏法に讓る方が機宜を得て居る

○本條に故なくの三字を修補す「衆議院に於て如上の修正說を可決し兩院協議會の議に於て確定法文と爲る其論旨は」 住居を侵す罪に付いて第百三十條百三十一條に「故なく」の文字を冠らしてある、

又此秘密漏泄罪に就ても前條には故なく云々としてあるに拘らず本條には之を冠らして居ない、併し第百三十三條の信書開披罪の如きは憲法の保障關係より來る規定であつて、寧ろ故なくと云ふ文字の必要を認めない、然るに本條の犯罪は信書開披などゝ性質を異にして居る、さうして殊に屢々起り易く、過ち易く、犯され易き犯罪に係つて居る。從つて第百三十三條に故なくと云ふ文字を掲げたる以上此第百三十四條は一層其必要を感ずるのである、假へば醫師か公衆豫防のため善意を以て自己の取扱ひし患者の病名を發表したりとせんか醫師は患者の告訴に依り本條の刑を科せらるゝと云ふに至るのであつて實際上不都合を來す場合があるだらうと思はれる、要するに本條は惡意に本人の承認なく、何の故もなく秘密を漏泄したるとき等の趣旨を以て「故なく」の三字を冠らすを適當とする、現に獨逸刑法第三百條にも「權利なくして」云々と規定してある。

第百三十五條　本章の罪は告訴を待て之を論す

第十四章　阿片煙に關する罪

第百三十六條　阿片煙を輸入、製造又は販賣し若くは販賣の目的を以て之を所持したる者は六月以上七年以下の懲役に處す

第百三十七條　阿片煙を吸食する器具を輸入、製造又は販賣し若くは販賣の目的を以て之を所持したる者は三月以上五年以下の懲役に處す

第百三十八條　稅關官吏阿片煙又は阿片煙吸食の器具を輸入し又は其輸入を許したるときは一年以上

十年以下の懲役に處す

第百三十九條　阿片煙を吸食したる者は三年以下の懲役に處す

第百四十條　阿片煙を吸食する爲め房屋を給與して利を圖りたる者は六月以上七年以下の懲役に處す

第百四十條　阿片煙又は阿片煙吸食の器具を所持したる者は一年以下の懲役に處す

第百四十一條　本章の未遂罪は之を罰す

第十五章　飲料水に關する罪

第百四十二條　人の飲料に供する淨水を汚穢し因て之を用ゐること能はさるに至らしめたる者は六月

以下の懲役又は五十圓以下の罰金に處す

第百四十三條　水道に由り公衆に供給する飲料の淨水又は其水源を汚穢し因て之を用ゐること能はさるに至らしめたる者は六月以上七年以下の懲役に處す

第百四十四條　人の飲料に供する淨水に毒物其他人の健康を害す可き物を混入したる者は三年以下の懲役に處す

第百四十五條　前三條の罪を犯し因て人を死傷に致したる者は傷害の罪に比較し重きに從て處斷す

第百四十六條　水道に由り公衆に供給する飲料の淨

水又は其水源に毒物其他人の健康を害す可き物を混入したる者は二年以上の有期懲役に處す因て人を死を致したる者は死刑又は無期若くは五年以上の懲役に處す

第百四十七條　公衆の飲料に供する淨水の水道を損壞又は壅塞したる者は一年以上十年以下の懲役に處す

第十、章　通貨僞造の罪

○修正の要領「法調」　現行法は通貨僞造罪の成立には僞造又は變造なる行爲と行使なる行爲との二要素を必要とし單に僞造の

場合には刑を減輕することと爲せり、然どれも本案に於ては通貨僞造の罪は通貨の僞造又は變造の成りたるときに成立す可きものと爲し從て僞造又は變造を罰することと爲したり。兌換券に關する規定は現今唯兌換券條例に在るのみなるを以て本案は玆に之を收めたり。

現行法第百八十七條及ひ第百八十八條は貨幣僞造罪の幇助の場合なるを以て本案は總則從犯の規定を以て足れりとし亦第百九十二條と總則自首の規定に讓り共に之を删除したり。「前改正案」

第百四十八條　行使の目的を以て通用の貨幣、紙幣又は銀行券を僞造又は變造したる者は無期又は三年以上の懲役に處す

僞造、變造の貨幣紙幣又は銀行券を行使し又は行使

の目的を以て之を人に交付し若くは輸入したる者亦同し

○行使の目的「谷野學士所說の現行刑法の缺點」　僞造又は變造に行使の目的を必要とすることは總則を適用して判明する事項ではないにも拘らず、現行刑法は之を明記して居らないが故に多少の疑を招く虞れがある、然しながら僞造又は變造に關する規定を通觀して現行刑法の眞意を探究すれば現行刑法が殊更に行使の目的を必要とせなかつたとしたものと認むべき根據がないからして行使の目的から出た僞造又は變造にあらざれば刑法上の僞造又は變造でないと斷言し、併せて現行刑法が之を明かに記載せなかつたのは重大な缺點であると云はんければならぬ。

○通用の貨幣「富倉所說」　通用の貨幣とは法律上通用を强制せられて居る、所謂現に行はれて居る貨幣と云ふことを示すためである、之を單に「貨幣」とすると「通用貨幣」とするとは其間に別異の意義を有するのではないが、曾て現行刑法施行の當時此通用なる文字のあるに拘らず、判例では舊貨幣までも加へて居つた時代があつたのである、故に殊更に現行刑法の通用なる文字を省くことを爲さず、明瞭にして置く方が宜いと云ふ趣旨から「通用」なる語を冠らせたのである、而して次條の貨幣は無論法定通用のものではない內國に流通する外國の貨幣を指したのである即ち此流通と云へる語とも相關聯して「通用」なる文字を必要とするのである。

○外國に於て流通する貨幣、紙幣、銀行劵等「同上」外國に於てのみ通用するところの貨幣紙幣等は之を本章の罪より除外して居るのである、詰まり明治三十八年法律第六十六號の規定に據る趣旨なのである、然らば何故に此單行法を本法中に集輯せないかと云ふに、前にも述べたる如く之等特種の事情の下に設けられたる法律は其事情等の變遷に依り屢々修正するの必要を生ずるからして之を概活して刑法典中に輯めるのは得策でないからである、尚言を費すにも及ばないが右の單行法は此刑法施行後と雖も當然獨立して働くのである。

○銀行劵「同上」　本條に所謂銀行劵は通用の性質を以つて居る銀行劵を指したので即ち今日の兌換劵に相當するのである、之を兌換銀行劵と云はざりしは特別法令に銀行劵と云ふて居るからである、其他特別通用の性質を有して居る銀行劵などは第十八章の有價證劵に關する規定の中に含まれて居る、また彼の第一銀行が朝鮮に於て發行劵の如きは前述せる明治三十八年法律第六十六號の支配を受くるものたることは敢て辨を要せない。

第百四十九條　行使の目的を以て內國に流通する外

の貨幣、紙幣又は銀行券を僞造又は變造したる者は二年以上の有期懲役に處す
僞造、變造の外國の貨幣、紙幣又は銀行券を行使し又は行使の目的を以て之を人に交付し若くは輸入したる者亦同し

○本條及第百五十二條の貨幣紙幣「同文」　此二ヶ條の貨幣紙幣は第百四十八條第百四十九條に規定せる貨幣紙幣を包括したものを指したのである。

第百五十條　行使の目的を以て僞造、變造の貨幣、紙幣又は銀行券を收得したる者は三年以下の懲役に處す

第百五十一條　前三條の未遂罪は之を罰す

第百五十二條　貨幣、紙幣又は銀行劵を收得したる後其僞造又は變造なることを知て之を行使し又は行使の目的を以て之を人に交付したる者は其名價三倍以下の罰金又は科料に處す但一圓以下に降すことを得す

第百五十三條　貨幣、紙幣又は銀行劵の僞造又は變造の用に依する目的を以て器械又は原料を準備したる者は三月以上五年以下の懲役に處す

第十七章　文書僞造の罪

○修正の要領「法調」　現行法は文書僞造罪の成立には原則として僞造なる行爲と行使なる行爲との二要素を必要とせり從て單に僞造したるのみにては未た罪と爲らず、本案は此點に修正を加へ文書僞造罪の成立は行使を待たずして既に僞造の時に在りと爲し行使の有無を問はざることと爲したり。

現行法は其第二百二條末段、第二百三條第二項及ひ第二百五條第二項に於て官文書毀棄罪の規定を設くと雖も本罪は少しも僞造罪と關係無きを以て本案は改めて之を財物毀棄罪の中に規定したり。

現行法には官吏、公吏に對し詐僞の申立を爲し戸籍其他の公正證書に不實の記載を爲さしめたる場合の規定無く唯近來實施せられたる戸籍法等に之に關する一部の規定あるのみなるを以て本案は新に此に關する規定を設けたり。（前改正案第二編第八章第二節）

第百五十四條　行使の目的を以て御璽、國璽若くは御名を使用して詔書其他の文書を僞造し又は僞造したる御璽、國璽若くは御名を使用して詔書其他の文書を僞造したる者は無期又は三年以上の懲役に處す

御璽、國璽を押捺し又は御名を署したる詔書其他の文書を變造したる者亦同し

第百五十五條　行使の目的を以て公務所又は公務員の印章若くは署名を使用して公務所又は公務員の作る可き文書若くは圖畫を僞造し又は僞造したる公務所又は公務員の印章若くは署名を使用して公

務所又は公務員の作る可き文書若くは圖畫を僞造したる者は一年以上十年以下の懲役に處す
公務所又は公務員の捺印若くは署名したる文書若くは圖畫を變造したる者亦同し
前二項の外公務所又は公務員の作る可き文書若くは圖畫を僞造し又は公務所又は公務員の作りたる文書若くは圖畫を變造したる者は三年以下の懲役又は三百圓以下の罰金に處す
第百五十六條　公務員其職務に關し行使の目的を以て虛僞の文書若くは圖畫を作り又は文書若くは圖畫を變造したるときは印章、署名の有無を區別し前

二條の例に依る

第百五十七條　公務員に對し虛僞の申立を爲し權利、義務に關する公正證書の原本に不實の記載を爲さしめたる者は二年以下の懲役又は百圓以下の罰金に處す

公務員に對し虛僞の申立を爲し免狀鑑札又は旅劵に不實の記載を爲さしめたる者は六月以下の懲役又は五十圓以下の罰金に處す

前二項の未遂罪は之を罰す

第百五十八條　前四條に記載したる文書又は圖畫を行使したる者は其文書又は圖畫を僞造若くは變造

し又は虛僞の文書若くは圖畫を作り又は不實の記載を爲さしめたる者と同一の刑に處す
前項の未遂罪は之を罰す
第百五十九條　行使の目的を以て他人の印章若くは署名を使用して權利義務又は事實證明に關する文書若くは圖畫を僞造したる他人の印章若くは署名を使用して權利、義務又は事實證明に關する文書若くは圖畫を僞造したる者は三月以上五年以下の懲役に處す
他人の印章を押捺し若くは他人の署名したる權利、義務又は事實證明に關する文書若くは圖畫を變造

したる者亦同し

前二項の外權利、義務又は事實證明に關する文書若くは圖畫を僞造又は變造したる者は一年以下の懲役又は百圓以下の罰金に處す

第百六十條　醫師公務所に提出す可き診斷書、檢案書又は死亡證書に虛僞の記載を爲したるときは三年以下の禁錮又は五百圓以下の罰金に處す

第百六十一條　前二條に記載したる文書又は圖畫を行使したる者は其文書又は圖畫を僞造若くは變造し又は虛僞の記載を爲したる者と同一の刑に處す

前項の未遂罪は之を罰す

第十八章　有價證券僞造の罪

○文書僞造罪中より區別する必要「法調」　本節の規定は現行法の官文書造造罪中より有價證券に關する部分を摘出し之を合して一節となし且修正を加へたるものなり、本節の罪は特別の性質を有する流通證券に關するものにして普通の文書と異なる所あり且主として直接に財産上の利益を目的とするものなるを以て之を他の文書僞造罪と區別するの必要あり。（前收正案第二編第八章第三節）

第百六十二條　行使の目的を以て公債證書官府の證券會社の株券其他の有價證券を僞造又は變造したる者は三月以上十年以下の懲役に處す

行使の目的を以て有價證券に虛僞の記入を爲したる者亦同し

○官府の證券「倉富所説」　官府の證券とは主として大藏省の證券を指した積りてある、他の現行の法律も斯の用語を用ゐて居る、言を費すまでもなければども、法人としての國の證券、地方團體の發したる證券等は此の中に含有せぬことは無論てある。

○其他の有價證券「同上」　有價證券の意義に付いては既に民事訴訟法とか非常特別税法なども此語を用ゐて居るから、其意義は極つて居るけれ共、若し例を擧げて見れば爲替手形であるとか、商法上認めて居る運送状、預證券、質入證券、船荷證券の如きものは即ち有價證券てある。

（編者曰く倉富政府委員が帝國議會に於て上の如く辨明したる有價證券の意義に對して一議員は甚はた滿足しました本員はそれ以外のも

のは有價證劵にあらずと解を釋致しますと)

第百六十三條　僞造變造の有價證劵又は虛僞の記入を爲したる有價證劵を行使し又は行使の目的を以て之を人に交付し若くは輸入したる者は三月以上十年以下の懲役に處す

前項の未遂罪は之を罰す

第十九章　印章僞造の罪

第百六十四條　行使の目的を以て御璽國璽又は御名を僞造したる者は二年以上の有期懲役に處す

御璽、國璽又は御名を不正に使用し又は僞造したる御璽、國璽又は御名を使用したる亦者同し

○印章の僞造不正の使用僞造印の使用のみにて未た文書を僞造せざる場合「法調」　印章僞造罪には僞造なる一行爲を以て成立の要件と爲すこと現行法と同一なりと雖も其僞造印を使用して文書を僞造したる場合は之を文書僞造罪中に規定し本節に於ては單に印章を僞造し、眞印を不正に使用し又は僞造印を使用するも文書を僞造せざる場合のみを規定したり

○使用の要件「法調」　現行法は私印僞造罪に付ては僞造及び使用の二行爲を以て犯罪成立の要件と爲すと雖も本案は之を改め前に擧げたるが如く僞造のみを以て成立の要件と爲し使用の場合は官印と等しく此に因て文書僞造となるときは之を文書僞造罪と爲し單に眞印を不正に使用し又は僞造印を使用して文書を僞造せざる場合のみを本節に規定したり、而して本節に於て單に僞造の行爲のみを以て罪の成立要件と爲したるは他の僞造罪

に付改正を爲したると同一の理由に出たるものなり。

第百六十五條　行使の目的を以て公務所又は公務員の印章若くは署名を僞造したる者は三月以上五年以下の懲役に處す

公務所又は公務員の印章若くは署名を不正に使用し若は僞造したる公務所又は公務員の印章若くは署名を使用したる者亦同し

第百六十六條　行使の目的を以て公務所の記號を僞造したる者は三年以下の懲役に處す

公務所の記號を不正に使用し又は僞造したる公務所の記號を使用したる者亦同し

第百六十七條　行使の目的を以て他人の印章若くは署名を僞造したる者は三年以下の懲役に處す
他人の印章若くは署名を不正に使用し又は僞造したる印章若くは署名を使用したる者亦し
第百六十八條　第百六十四條第二項、第百六十五條第二項、第百六十六條第二項及ひ前條第二項の未遂罪は之を罰す

第二十章　僞證の罪

第百六十九條　法律に依り宣誓したる證人虛僞の陳述を爲したるときは三月以上十年以下の懲役に處

す

現行法は刑事に關する證人と民事商事又は行政裁判に關する證人とを區別すと雖も是れ刑事の證人に對し其僞證の犯罪に科すべき刑に付き詳細なる區別を爲したるか爲めにして本案は次項に說明する如く刑事に關する證人の僞證に科すべき刑を變更したるを以て刑事をよび民事、商事又は行政事件とを區別する必要消滅したるを以て總て司法裁判所、行政裁判所又は其他の特別裁判所たるを問はず證人として僞證したる場合に關し同一の規定を設けたり。

○證人と爲る資格を欠く者の僞證「倉富所說」證人と爲る資格なきものに誤つて宣誓させ其證人が僞證をした場合には之を罪とするや否やに就ては確かに二種の說があつて、一は一旦法律に依り宣誓した以上は證人たる資格の有無に拘はらず僞證罪が成立つと云ひ、一は本來其宣誓に誤りがあるから縦令形式上宣誓をするも證人と云ふべきものではないから之れは僞證罪として罰することを得ないと云ふのである、此法の趣旨は矢張り後説の罰しない方である。

○懲戒事件の僞證「議」　本章に於て懲戒事件の僞證罪を罰すると云ふことは甚だ酷であらうと思ふ、懲戒處分なるものは元來本犯が全く行政權の關係に屬して居るものであるから、其僞證に對し刑罰觀念を以て論ずる理由は少しもない、加之十年以下の刑に科せらると云ふに至つては大に研究を要すべき點である。

第百七十條　前條の罪を犯したる者證言したる事件の裁判確定前又は懲戒處分前自白したるときは其刑を減輕又は免除することを得

第百七十一條　法律に依り宣誓したる鑑定人又は通事虚僞の鑑定又は通譯を爲したるときは前二條の例に同し

○現行法第二百二十五條　現行法第二百二十五條は僞證の數段の場合なるを以て本案は之を總則の規定に讓ることゝ爲し刪除したり。

第二十一章　誣告の罪

○修正要領「法調」　現行法に於ては人をして行政上の懲戒處分を受けしむるための誣告に關する規定を缺くを以て本案は其必要を認めて之を補修したり、本案に於て僞證罪の場合に被告人刑に處せられたると否とを分たず處罰の程度は一に裁判所の認定に任ずることゝし之が爲め刑の範圍を廣くしたると同一の理由に基き且本節の罪は僞證罪の例に依り處斷するを以て自然三百五十七條は其必要なきを以て之を删除したり（前改正案第二編第八章）

第百七十二條　人をして刑事又は懲戒の處分を受けしむる目的を以て虛僞の申告を爲したる者は第百六十九條の例に同し

第百七十三條　前條の罪を犯したる者申告したる事件の裁判確定前又は懲戒處分前自白したるときは其刑を減輕又は免除することを得

第二十二章　猥褻姦淫及び重婚の罪

（章按第二十二章、猥褻及び重婚の罪）

○本章標題に姦淫の二字を補修す「貴族院此修正説を可決し衆議院之に同意せり「補修の理由」　本章中には强姦及び有夫姦も這入つて居るから、猥褻及重婚の罪なる標題は穩當でない、此標題あるがために强姦罪も猥褻の行爲と見て罰するのではないか、又有夫姦に就ても貞操を破ると云ふことが廣き意味に於ける猥褻の行爲ではないかとの疑を起すに至るからして之の標題中に姦淫若くは姦通の文字を補修せなければならぬ、「倉富所説」實質を變更するのでないから何れにするも可なれども、併し標題は可成簡潔にすると云ふ方針で斯く爲つて居るので本法中章名が其全章の內容を包括せないヶ所は他に幾つもある、尤も此二者の内何れかを挿入するものとせば姦通とするより姦淫と云ふ方が寧ろ當つて居るかと思はれる。

第百七十四條　公然猥褻の行爲を爲したる者は科料に處す

第百七十五條　猥褻の文書、圖畫其他の物を頒布若くは販賣し又は公然之を陳列したる者は五百圓以下の罰金又は科料に處す販賣の目的を以て之を所持したる者亦同し

○頒布　現行刑法第二百五十九條の「公然販賣したる者」の外廣く公衆に分つことを禁ずるため、新たに頒布なる語を用ひたのである。

○所持「同上」　頒布販賣陳列以外に販賣せんとして所持する

者も、之を處罰せざれば充分法の目的を達することが出來ないけれ共、現行法は之に就て何等の規定がないから、本法は所持云々と補正したのである、前改正案は「販賣する者」なる語中に之を含有せしめんとして居る。

第百七十六條　十三歳以上の男女に對し暴行又は脅迫を以て猥褻の行爲を爲したる者は六月以上七年以下の懲役に處す十三歳に滿たさる男女に對し猥褻の行爲を爲したる者亦同し

○猥褻の行爲「倉富所說」　猥褻の行爲中には無論姦淫は包含せない、姦淫は相手が婦女でないときは爲し得ないのであつて、次條に特別の規定を設けてある。

○十三歳以上の者に對する猥褻の行爲「同上」　十三歳以上の男

女に對する猥褻の行爲は總て暴行脅迫に出たるものゝ外は之を罰せない積りなのである、即ち合意の鷄姦、親族間の和姦其外猥褻に類する行爲は成べく刑法より除外したいのである。

○現行法の十二歳以上の者に對しとあるを十三歳以上と改めたる所以「同上」　十二歳以上を十三歳以上と改めしは成るべく淫猥の行爲に染ませないと云ふ希望と、一つは生理上十二歳以上と云ふよりも十三歳以上と云ふ方適當なるに依つて修正したので別に確かな根據はない。

第百七十七條　暴行又は脅迫を以て十三歳以上の婦女を姦淫したる者は強姦の罪と爲し二年以上の有期懲役に處す十三歳に滿たさる婦女を姦淫したる者亦同し

第百七十八條　人の心神喪失若くは抗拒不能に乘し又は之をして心神を喪失せしめ若くは抗拒不能ならしめて猥褻の行爲を爲し又は姦淫したる者は前二條の例に同し

第百七十九條　前三條の未遂罪は之を罰す

第百八十條　前四條の罪は告訴を待て之を論す

○告訴を爲す者「同上」　告訴を爲す者の何人なりやは刑事訴訟法及民法の規定に依て定まるべきものとの趣旨を以て、茲に明示せないのである、大體は被害者又は其法定代理人に外ならない、本條は前四ヶ條の罪を親告罪にする趣旨なので、次條の場合即ち前四ヶ條の罪を犯し因て人を死傷に致したるときは特に刑を設けて告訴の有無に拘はらず之を處分するのである。

第百八十一條　第百七十六條乃至第百七十九條の罪を犯し因て人を死傷に致したる者は無期又は三年以上の懲役に處す

第百八十二條　營利の目的を以て淫行の常習なき婦女を勸誘して姦淫せしめたる者は三年以下の懲役又は五百圓以下の罰金に處す

○營利の目的、淫行の常習なき婦女の二要件「法調」　現行法は十六歲未滿の男女の淫行の勸誘媒合を處罰すと雖も其趣旨稍廣きに失するを以て本案は之を改め第一に營利の目的に出たるものなることを要件とし第二に淫行の常習なき婦女のみを保護することと爲せり此れ營利の目的に出てたるものに非ざれば之を罪とするの必要なく又男子は婦女に比し之を保護す可き必要

少なし且婦女と雖も平生品行善良にして淫行の常習なきもののみを保護するを以て足ればなり。（前改正案第二編第九章第一節）

第百八十三條　有夫の婦姦通したるときは二年以下の懲役に處す其相姦したる者亦同し
前項の罪は本夫の告訴を待て之を論す但本夫姦通を縱容したるときは告訴の效なし

○有婦の夫の姦通　「衆議院にて有婦の夫の姦通罪を認むべしとの修正說提出されたれ共否决さる、提出論旨は」　有婦姦の罪を罰せんとするは此法律の趣意を貫徹せしめ、論理を一貫せしめて男女の間を對等の位地に置きたいと云ふ譯なのである、全體此姦通罪を罰すべきや否やと云ふことは一の問題てあらうと思ふ、併しながら此條の規定に依ると有夫の婦が姦通した場合には二年以下の懲役に處せられる、それで此立法の趣意から考へて見ると此刑法の趣意と云ふものは姦通なるものは單に婚姻と云ふ民事上の契約が破壞せられて、民事上離婚及損害賠償の原因となるばかりでなく夫婦の關係を破ると云ふことは社會の公安を害すのである破壞するのであるから之を罰せなければならぬと云ふ趣意であらうと思ふ、其趣意を貫かんとするには、有夫の婦がしたる場合には之を罰して有婦の夫が姦通した場合には之を罰せないと云ふことは立法の趣意が貫徹せないのであらうと思ふ、故に斯くのごとき簡單なる理由に依つて之れを同等の位置に置きたいと思ふのである、反對者は女が姦通した場合には婚姻中に女の生んだ子と云ふものは夫の子と推定せられると云ふのであるから、女の姦通は詰り血統の紊亂を來すからして夫の姦通は罰しなくても女の姦通は罰しなければならぬと云ふ議論をするであらう、成程此結果の上に相違のあると云ふことは認めないのではない、併しながら之は絶對に一方を罰して、一方を無罪にすると云ふ理由にはなるまいと思ふ或ひは佛蘭西あたりでやつて居るやうに女の方を體刑に處し、夫の方は金刑に處すると云ふやうな理屈で刑に輕重の等級を別つの標準にはなるかも分らぬけれ共絶對に一方のみを罰するの理由にはなるまいと思ふ、又斯う云ふ理由もあるかも知れない、全體此姦通罪と云ふものは親告罪であるが故に、多くは姦通其ものに依つて事件が發生するのではなくて姦通を種にして種々惡事を働くがためにやるのが多いからして斯樣なものに向つては其範圍を廣くしたいかと云ふ議論も起つて來るだらうと思ふ、事實上斯う云ふ現象があると云ふことも認める、併しながら是に依つて男女間を不平等にしなければならぬと云ふ理由にはならないらうと思畢意するに姦通なるものは現に英國あたりでやつて居るやうに民事上離婚の原因となり或は損害賠償の原因となし、之を犯罪と認めて刑罰を科すべきものではない　此矯風問題、道德問題の如きは法律を以て規定すべきものではない　或は其規定の範圍を狹くしなければならぬからと云ふ反對もあるが是も男女共に姦通罪は無罪にすると云ふ議論なればそれに贊同するかも知れないが兎に角此法律の精神を貫かうとするならば男女同等の位置に置かなければならぬと思ふ。

第百八十四條　配偶者ある者重ねて婚姻を爲したるときは二年以下の懲役に處す其相婚したる者亦同し

第二十三章　賭博及ひ富籤に關する罪

第百八十五條　偶然の輸贏に關し財物を以て博戲又は賭事を爲したる者は千圓以下の罰金又は科料に處す但一時の娯樂に供する物を賭したる者は此限に在らす

○博戲、賭事「倉富所說」　博戲とは自身賭博をすると云ふことを指し、賭事とは所謂賭け事をするので角力に賭ける碁に賭けると云ふが如き類である、　近時流行しつゝある競馬に賭けると云ふことなどは其の事實が明瞭致して居らないけれ共、　若し單純の競馬の勝敗に依て賭け事をすると云ふ事實と假定するならば矢張り本條の賭事に這入るのである。

○「物」「同上」　前段には「財物」と云ひ後段には「物」と云ふて居るけれ共此「物」の中より絶體に金錢を除くと云ふ趣旨ではない、「物」と云へば其範圍が廣いので唯制限と爲るべきものは「一時の娯樂」である、假へば些細な金を持ち寄つて一時の所謂娯樂の爲めに(饅飯を奢るとか菓子を奢るとか)品を買ふと云ふ樣な場合であれば矢張り「物」の中に包含するのである。

○「現に」の條件を削りたる理由「同上」　固より賭博は法律が制裁を設けて禁じて居る事柄であるから多くの場合は極く秘密に行ふのである、然るに現行刑法は「現に」なる條件を附して後之を檢擧すると云ふことに爲つて居るが爲めに、檢擧上非常に困難な場合がある、困難なるにも拘はらず之を發見しやうとするのであるから場合に依ると檢擧の手續にも適當を欠く等のことが往々あるらしい。若し賭博を罰せないとすれば兎も角、之を罰すとする以上は敢て實際に困難なる條件を附し置かずとも、矢張り

通常の犯罪と同様にする方が穩當だと云ふ趣旨を以て本法は「現に」の條件を削除したのである、

○賭博罪の自由刑を金刑に改めたる理由「同上」　賭博罪は其性質として余り直接の害もなく、殊に此犯罪は人情の弱點として犯し易いのである、それも次條に規定する如く常習とすれば兎も角、單に一時の出來心から犯したものとすれば强ち之を獄に拘禁してまで處罰する必要は認め兼るのである、故に本條は現行法の自由刑を改めて罰金刑を科することゝして居る。

○賭博罪の公訴の時効「同上」　將來に屬することは之を明言し兼ねるけれ共、現在取調へつゝある刑事訴訟法の改正案では、此賭博罪の時効に就ては他の犯罪と幾分其期間を異にする必要があると認めて特別の時效を規定して居る、併し之は何うなるかと云ふことに付て固より確言は出來ない。

○賭博犯者の統計「同上」　明治三十六年は二萬七千百五十二人同三十七年は一萬八千百五十五人、同三十八年は一萬千九百三十八人。

第百八十六條　常習として博戲又は賭事を爲したる者は三年以下の懲役に處す
賭博場を開張し又は博徒を結合して利を圖りたる者は三月以上五年以下の懲役に處す

第百八十七條　富籤を發賣したる者は二年以下の懲役又は三千圓以下の罰金に處す
富籤發賣の取次を爲したる者は一年以下の懲役又は二千圓以下の罰金に處す
前二項の外富籤を授受したる者は三百圓以下の罰

金又は科料に處す

○「免許を得ずして」を削りたる理由〔同上〕　前の改正案には免許を得ずして云々と規定して居たのを此法に於て削除したる所以は、豫かじめ之を許す場合のある事を定め置かざればとて、若し其必要あるときは特別の法律で行ふことが出來るからと云ふ趣旨よりして殊更に免許云々を削つたのである。

○臺灣に於て發行する彩票を内地に於て發賣、取次、授受したる場合〔平沼學士〕　臺灣なる一定の區域内に於て許したる富籤の興行なるにも拘はらず、其區域外なる内地に於て之を行ふたるときは無論第百八十七條に觸れるのであつて現在も其解釋を採つて居る。

第二十四章　禮拜所及び墳墓に關する罪

第百八十八條　神祠、佛堂、墓所其他禮拜所に對し公然不敬の行爲ありたる者は六月以下の懲役若くは禁錮又は五十圓以下の罰金に處す
說敎、禮拜または葬式を妨害したる者は一年以下の懲役若くは禁錮又は百圓以下の罰金に處す

○神祠、佛堂「同上」　之は現行法の文字を其儘襲用したのであるが「神祠、佛堂」と云ふは神を祭つてある祠、佛を祭つてある堂と云ふことて、　神社宗敎の兩樣を含んで居る趣意ではないと思ふ、而して祠宇なるものは多分本條の「禮拜所」の中に含まれて居りはしないかと思ふのである。

○神祠を「神社、祠宇」と修正す「貴族院に於て此修正說提出されたれ共否決と爲る提出論旨は」　現行刑法立法の當時には神社の制度も定ま

らぬからして此神祠中に神社も祠宇も包括せられたのだけれ共現在は神社と宗教との分離を行つて居る、爲めに神社は宗教には關係がない　此祠宇と云ふは宗教上の營造物と見て居る、卽ち神社と祠宇とは全然性質の違つて居るのを之を一括して「神祠」なる言葉で言ひ表はすのは十分ではない　又性質の違つたものを混淆する嫌ひは無いかと云ふ疑ひもある　殊に此中には隨分尊い熱田神宮の如きものを含むにも拘らず之を唯宗敎上の一營造物になつて居る祠宇と一緒にするのは機宜を得たものではない　寧ろ是は神社、祠宇と二つに書分けたが至當ではなからうかと思ふ、　別段「神祠」と云ふも適用の上に差支へることはないかも知れぬが　唯神社と云ふものは公に認められて居る、　殊に起草者の意見として神祠の中に介在するものは神社の外にはない祠宇の方は「礼拜所」に這入るとすれば、　寧ろ實際に無いところの神

祠なる語を用ひんよりは、之を「神社」として仕舞つた方が正しいのである

○其他の禮拜所「倉富所說」　禮拜所とは一般に認められたる禮拜所の謂であつて假へば耶蘇教會、蓮門教會の如きものを云ふのである　家の中に備ふる佛壇などは無論之には這入らない、而して本條の禮拜所は上の神祠佛堂墓所を受けて來て居るけれども必しも之と類似のものたるを要すと云ふ譯でもなく、又宗教上の信仰に繋がつて居るものと、道德心に繋がるものとの區別もない、要は一般人が禮拜するやうな風に公けに禮拜所と認められて居れば卽ち本條の禮拜所である。

○官國幣社に對し公然不敬の所爲ありたるものは五年以下の懲役……………府縣社以下の神社に對し……………者は三年以下の懲役……………に處す　「衆議院に於て如上の如き法文を追加せんとの修

正說提出せられたれ共否決と爲る、其論旨は「畏多きことながら畝傍山に到て神武天皇の御陵に不敬の所爲を爲したる者は本法第七十四條の皇陵に對する不敬罪として五年以下の懲役に問はれるけれ共、神武天皇を祭れる橿原神社に不敬の所爲を爲したる者は本條の規定に依て僅かに六月以下の懲役に處せらるるに止まるのである、斯かる不權衡を來さしむるは畢竟本條が單に神祠なる語中に有ゆる神社を包含せしむる結果に外ならない、前例の如く官國幣社中には極めて重き事柄があつて、畏けれども事或は皇室に關係するかと思はれる場合もある、要するに之等重大の關係を持て居る神社と普通一般の禮拜所と同一條規の下に規定するのは其當を得て居ない、而して官國幣社に對する不敬罪を本條の神祠中より除外するとすれば、勢ひ其餘の府縣社位ひは之に準ぜしむるの必要があるから、上の如き法文を本章中に追加するを要する。

第百八十九條　墳墓を發掘したる者は二年以下の懲役に處す

第百九十條　死體、遺骨、遺髪又は棺内に藏置したる物を損壞遺棄又は領得したる者は三年以下の懲役に處す

○「棺內に藏置したる物」「倉富所說」　「棺內に藏置したる物」とは死者の體に著けたるものと云ふ樣な者を指したので、全體の品物から矢張一個の財物とも爲るべきものである、而して本條の趣旨は埋葬の前後を擇ふ譯ではない、埋葬前と雖も假へば火葬場に運んだものを所謂隱坊などが棺を開けて取る樣な場合を想像して居る。

第百九十一條　第百八十九條の罪を犯し死體、遺骨、遺髮又は棺内に藏置したる物を損壞、遺棄又は領得したる者は三月以上五年以下の懲役に處す

第百九十二條　檢視を經ずして變死者を葬りたる者は五十圓以下の罰金又は科料に處す

○前改正案中の「免許を得ずして改葬したる者云々」を削りたる理由「倉富所説」　改葬の必要は多くは、墓地の都合とか往來の都合とかよりして遣るのであるが、變死者の方は兎角犯罪行爲を隱蔽する爲めの手段として行はれ、其間には情狀の差違がある、隨て此變死者の方は刑法中の犯罪行爲として本法に規定し置くの必要を認むるけれ共改葬の方は單に妄りに遣らせないと云ふ目的を以て地方の警察其他行政上の取締を爲せば足り敢て刑法

上の犯罪とするの價値が無い、夫れ故前改正案の「免許を得ずして改葬」云々を削除したのである。

○本條は刑法典中に韓むへからざる性質のものである「識」本條は其性質全然刑罰にあらず、刑法に入るべきものにあらず、行政罰又は警察罰として他の法律に讓るを以て立法の體面を保ち得たものとする、現に衞生に關する規定等は單行法中に之に關する法文がある。

第二十五章　瀆職の罪

第百九十三條　公務員其職權を濫用し人をして義務なき事を行はしめ又は行ふ可き權利を妨害したるときは六月以下の懲役又は禁錮に處す

○行ふべき權利「倉富所說」　之は現行刑法第二百七十六條の人

をして權利なきことを行はしめ又は其爲すべき權利を妨害したるものとある「なすべき」と云ふことを「行ふべき」と改めたのであつて其趣旨は單純に權利を妨害すると云ふことでなく權利の執行を妨害すると云ふことに爲る、「議質」然らば將に爲さんとする將さに行はんとする權利の執行を妨害したと云ふことになるのであるか、「答」正當に爲すべきことの出來た場合にそれをなぜせないかと云ふのは本條の罪である、「議質」將に行はんとしつつある權利を侵害したる場合のみを指すと云ふ趣意とすれば本條の精神は貫徹せぬことになる、一方より見れば義務なきことをを行はせると云へる場合と權衡を得ないではないか、「答」其本條の趣旨は行はんとしつつある場合に限ると云ふのでない、當然爲すことの出來る權利それを妨げると云ふのである。

○行ふべき權利を妨害しとは權利を行ふを妨害しと云ふに外な

らない　「議」「行ふべき權利」と云ふを離して見ると餘程變な文字に違ひないから一應の疑は起るかも知れぬが、本條の趣旨としては權利を行ふを妨害しと讀めば夫れて克い。

第百九十四條　裁判、檢察、警察の職務を行ひ又は之を補助する者其職權を濫用し人を逮捕又は監禁したるときは六月以上七年以下の懲役又は禁錮に處す

○職權を濫用して人を逮捕監禁したる者は……………………「法調」

現行法第二百七十八條は逮捕官吏が不法に人を逮捕又は監禁したる場合を規定するものなるを以て本案は其趣旨を擴張し廣く裁判、檢察、又は警察の職務を行ふ者若くは其補助者が其職權を濫用し不法に人を逮捕又は監禁したる場合の規定を設けたるなり又現行法は監禁日數十日を加ふ毎に一等を加ふる主義を採ると

雖も細密に渉り益なきを以て本案は之を改め裁判官をして適宜の刑を科せしむること丶爲したり。(前改正案第二百二十五條)

第百九十五條　裁判、檢察、警察の職務を行ひ又は之を補助する者其職務を行ふに當り刑事被告人其他の者に對し暴行又は陵虐の行爲を爲したるときは三年以下の懲役又は禁錮に處す

法令に因り拘禁せられたる者を看守又は護送する者被拘禁者に對し暴行又は陵虐の行爲を爲したるとき亦同し

○前改正案第二百二十七條の規定を削りたる所以「倉富所説」前改正案第二百二十七條には「法令に因り拘禁せられたる者を看守又は護送する者水火風震其他非常の事變に際し必要の處分を

爲すことを怠り因て被拘禁者を死傷に致したるときは傷害の罪に照して處斷す(現行法第二百八十一條の規定を擴張せる法文)と規定してあるが、此必要の處分を爲すことを怠つたのは一の懈怠に外ならない、懈怠の結果死傷を生せしめた場合を故意を以て犯したる傷害の罪に照して處斷すると云ふは如何にも法理に適合した規定でない、普通の場合ならば職務上の過失と云ふに過ぎないけれども人命にも關する場合であるから取締の必要上傷害の罪に照すと云ふは宜くあるまい、斯う云ふ趣意で前改正案第二百二十八條を削除したのである、即ち本法は斯る場合には一般の過失傷害の罪に該當し第二百十一條の業務上特別なる注意を爲すことの必要なる者が注意を怠つた場合として三年以下の禁錮または千圓以上の罰金に處せらるゝ事となるのである。

第百九十六條　前二條の罪を犯し因て人を死傷に致

したる者は傷害の罪に比較し重きに從て處斷す
第百九十七條　公務員又は仲裁人其職務に關し賄賂を收受し又は之を要求若くは約束したるときは三年以下の懲役に處す因て不正の行爲を爲し又は相當の行爲をなささるときは一年以上十年以下の懲役に處す
前項の場合に於て收受したる賄賂は之を沒收す若し其全部又は一部を沒收すること能はさるときは其價額を追徵す
○約束し「法調」　現行法は賄賂を收受し又は之を聽許しとあれ共其文字妥當ならざるを以て又は「之を約束し」と改めて總ての場合を包含せしめたり。（前改正案第二百二十九條）

○交付提供約束したる者「法調」　本條は新に設けたる法文にして現行法に賄賂を贈與提供又は約束したる者を處罰する法案なきが爲め公務員又は仲裁人の收賄を防壓すること極めて困難なり、是を以て修正案は本條に於て更に此等賄賂を贈與、ヲ提供したる者をも處罰する規定を設け以て努めて收賄の弊を矯正せんことを計れり。（前改正案第二百三十條）

○仲裁人「倉富所説」　本條の仲裁人は民事訴訟法の規定に依て仲裁の職務を行ふものを指したのである。

第百九十八條　公務員又は仲裁人に賄賂を交付、提供又は約束したる者は三年以下の懲役又は三百圓以下の罰金に處す

前項の罪を犯したる者自首したるときは其刑を減

輕又は免除することを得

第二十六章　殺人の罪

第百九十九條　人を殺したる者は死刑又は無期若くは三年以上の懲役に處す

○誤殺「谷野學士」　現行刑法は謀殺、故殺を行ひ誤て他人を殺した者は尚ほ謀故殺を以て論ずと規定したるにより、論者或は誤りてなる詞を過ちてなる意義に解釋し謀故殺を行ふときに於ける過失殺を規定せる條項であると云へ共、其當を得ないことは勿論であつて余輩は通說に從ひ之を誤殺の場合と解釋し、而して單に必要の無い規定であるばかりでなく、却つて當を得ない規定であると云はなければならぬのである。

○毒殺罪「法調」　現行法第二百九十三條は毒殺罪を以て常に謀

殺と爲すと雖も是れ一の情狀に關する場合なるを以て本案は之を裁判所の認定に任し本條を删除せり。(前改正案第二編第十一章第一節)

○人を詐稱誘導して危地に陷れ死に致らしめたる者「同上」　現行法第二百九十七條も亦規定を要せすして明なるものなるを以て之を删除したり。「同上」

第二百條　自己又は配偶者の直系尊屬を殺したる者は死刑又は無期懲役に處す

○配偶者の直系尊屬に對する罪の特例「倉富所說」　既に民法に於ても配偶者の直系尊屬は自己の直系尊屬と同樣に規定して居る、又現に其家の嫁として夫の尊屬に對して罪を犯すと云ふ如き場合はどうしても子孫が父母或は祖父母に對して犯した場合と同樣の刑罰を科する必要が極めて多い矢張り配偶者相互の直系尊屬も自己の直系尊屬と同様に認むべき特例を設ける必要が實際にあらうと思ふ。

○同上特別の條章「同上」　現行刑法には祖父母父母に對する罪と云ふ特別の章條を設けて居るけれ共、這は立法當時に於て尚ほ民法の制定なきがため古來用ひ來つた祖父母父母或は子孫と云ふ文字を用ひたのである、然るに其名稱だけでは意を盡さぬ處があつて實際に不都合を來すから現行刑法は更に親屬例なる一章を設け其中に「祖父母と稱するは高曾祖父母外祖父母同じ父母と稱するは繼父母嫡母同じ子孫と稱するは庶子曾玄孫外孫同じ」と云へる説明を付けてある、併しながら現在は民法既に行はれて親屬の關係名稱等は明かに規定せられて居るからして、自然刑法典中に親屬例なる章節の必要は無くなつたのである、即ち本法中「直系尊屬」「直系卑屬」と云ふ用語は民法の規定趣旨と同一であつて直系尊屬の中には現行刑法の祖父母、遡つて高曾祖父母を無論總括して居る、從つて「祖父母父母」などの文字を用ゐんよりも「直系尊屬」と云ふ四文字を用ふる方簡明にして其意を盡して居る、之を普通人から解し安すいとの理由などを以て祖父母父母なる文字を刑法典中に用ふるは妥當とは云はれない、而して現行法の如く此尊屬親に對する罪の總てを一章の下に集めて規定するの可否に就ても、強ち之を不可なりとは云ふ可らざれ共、併し此法は別に章節こそ設けざれ其の大體に於ては尊屬親に對する特例を認めて居るのである、即ち第二百一條の規定の如きも子孫が其直系尊屬を殺したときには「死刑又は無期懲役に處すのであつて、前條に比し刑の最下位は無期刑である、尤も總て之を死刑に處せないと云ふ所以は此法案全體の組立が成るべく刑は一つに限りたくないと云ふ方針から來て居るので亦た己むを得ざる譯であらうと思ふ、其他傷害の罪逮捕監禁の罪等各尊屬親に對する特例を設けてある　それから自殺に關する罪とか遺棄に關する罪などに就て此法には尊屬に對する特例を規定して居ないけれ共是等は程度の問題であらうと思はれる、

第二百一條　前二條の罪を犯す目的を以て其豫備を爲したる者は二年以下の懲役に處す但情狀に因り其刑を免除することを得

（草案〇二百二條　前二條の罪を犯す目的を以て其豫備を爲したる者は一年以下の懲役に處す）

〇殺人の豫備と强盜の豫備との刑の權衡「倉富所說」　殺人の豫備强盜の豫備は現行刑法に於て之を罰してないけれ共實際之等の豫備の中には程度の進んだものもある、また之を取締る必要があるので此法は豫備を罰することに規定したのである、而して

殺人の豫備と强盗の豫備と刑の權衡を異にしたる所以は實際に於て殺人の豫備は强盗の豫備に比ずれば場合も少く、立法の沿革より見るも多少其間に差異があらうと思ふ、殺人の豫備は殆んど是まで罰した例がないのであるが、强盗の豫備は彼の新律綱領にも「强盗途に在りて捕に就きたるときは」云々と云ふ規定のあつたこともある、畢竟强盗の豫備は頻々之有るから隨つて之を取締るにも少し重い刑を科する必要があらう、斯樣な理由の下に刑の權衡が違つて居るのである。

○本條但書補修の理由「貴族院に於て修正説可決」本法第百十四條に於て放火罪の豫備は二年以下の懲役に處し情狀あるときは其刑を免除することになつて居る、本法の殺人の豫備は一年以下の懲役に處すとあつて全く刑を免除すると云ふ但書が無いのである本法が斯くの如く規定したる理由が那邊にあるかは如何に思考するも發見し能はない、若し之を放火罪の豫備と比較すれば寧ろ殺人の罪の豫備こそ却つて情狀の有無を斟酌せなければならぬことが多いかと思はる、刑の盛り方に就ても放火の豫備は第百十三條の但書がなくとも最短期一箇月まで下し更に酌量減輕を適用すれば一箇月の半分即ち十五日まで下げ得られるのである、従て放火の豫備は同條の但書が無くとも實際の適用に不都合はあるまいと思ふ、勿論痴情等の結果放火する如き場合などは其狀情が輕いけれども十五日位の刑を科しても少しも不相當ではあるまい、之に反し殺人罪の豫備は全く一日の刑にも處したくない場合があらう、假へば同じく痴情よりして合意の上情夫が先づ情婦を殺害し己れも直ちに其跡を追はんとして準備中逮捕せられたとすれば一方に對しては謀殺の豫備に違ひないけれ共斯る場合は其情誠に輕いと云はねばならぬ、又貧困に追はれて親子共に手を引いて一緒に汽車に轢かれるか或は川へ身を投げて自殺せんとし親が子を伴れて死所に到る途中發見せられたる如き場合に尚必ず本條の刑を適用せんとするは情に於て忍びざる所である、之等の事例に徴するも第百十三條に但書を置く以上は殺人罪の豫備には益々此但書の必要が認められるのである。

第二百二條　人を教唆若くは幇助して自殺せしめ又は被殺者の囑託を受け若くは其承諾を得て之を殺したる者は六月以上七年以下の懲役又は禁錮に處す

第二百三條　第百九十九條、第二百條及ひ前條の未遂罪は之を罰す

第二十七章　傷害の罪

第二百四條　人の身體を傷害したる者は十年以下の懲役又は五百圓以下の罰金若くは科料に處す

○傷害の結果に依つて刑の輕重を定めざりし理由「倉富所說」　現行法は一目又は兩目能視の喪失又は一耳兩目の聽能の喪失と云ふやうに傷害の結果を擧げて刑の輕重を定め、前改正案は一號より七號までも傷害の結果を揭げて居るけれ共決してそれで總ての結果を揭げ盡したとは思はれぬ、結局前改正案第六號に於ては重大にして不治なる精神身體の疾病又は外觀の不具と云ふやうな汎博なる規定を設くるに至つたのである、而して本法の全体がなるべく刑の範圍を廣くして實際の運用の附くやうにしたいとの趣意であるからして、就中事實の復雜限りなき傷害罪の如きは多くの細目を設けず、刑期を汎博にして其結果と刑の適用とを裁判官の裁量に委ぬる方却つて實際に適合することが出來るであらうと思はれる、斯かる理由を以て現行刑法及前改正案の規定を修正したのである。

○傷害罪は結果罪なりや「同上」　現行法と比較するときは之を結果罪にあらずと云ひ得るけれ共、本法も身體傷害の場合は二百四條を適用し、暴行を加へ人を傷害するに至らざるときは二百八條を適用するのであるから結果に依て刑の輕重を認めて居る。

○第二百八條の親告と本條との關係「同上」　第二百八條に於て傷害のなき場合一年以下の懲役若くは五十圓以下の罰金に處せらるる罪を申告罪としながら本條に於ては單に科料に處せらるる場合と雖申告罪とならないのである、畢竟之は法文から生ずる當然の結果であつて止むを得ないことである、即ち本條の方は豫め斯々の事柄が科料に當る斯々の事柄が罰金に當ると云ふ區別を設くることが出來ないために、自然科料に當るものと雖も申告を待つと云ふことに規定し難かつたのである。

第二百五條　身體傷害に因り人を死に致したる者は二年以上の有期懲役に處す

自己又は配偶者の直系尊屬に對して犯したるときは無期又は三年以上の懲役に處す

第二百六條　前二條の犯罪あるに當り現場に於て勢を助けたる者は自ら人を傷害せすと雖も一年以下の懲役又は五百圓以下の罰金若くは科料に處す

第二百七條　二人以上にて暴行を加へ人を傷害した

る場合に於て傷害の輕重を知ること能はす又は其傷害を生せしめたる者を知ること能はさるときは共同者に非すと雖も共犯の例に依る

第二百八條　暴行を加へたる者人を傷害するに至らさるときは一年以下の懲役若くは五十圓以下の罰金又は拘留若くは科料に處す

前項の罪は告訴を待て之を論す

○人糞を浴せる行爲「倉富所説」　本條は斯かる行爲を包含せしむるのである。

○頭髮を斬りし場合「同上」　頭髮を斬ると云ふことは單純の傷害と云ふ譯に行くまいと思ふ、前改正案には殊更に頭髮を斬ると云ふことを加へたこともあつたけれども、論議の末此文字を削ることになつたのである。

○疾病創傷に至らざる場合の刑の範圍を一年以下の懲役禁錮に上せたる理由「同上」　現行刑法及前改正案には特に此場合に於て拘留又は科料に處すと規定して居るけれ共、本法は之を一年以下の懲役若しくは禁錮又は五十圓以下の罰金に處すと修正して居る、成るほど傷害しないと云ふ點から見れば或は輕く罰する必要があるかも知れぬが、傷の有無と云ふことのみに依つて其刑の輕重を定むるは聊か適當で無からう、場合に依りては被害者に取りて甚だしき侮辱になることがある、又假に傷害と目すべき結果がなくとも被害者は隨分苦痛を感ずることもある、結局其刑を拘留科料に止むるは犯狀に適當しないと云ふ諭議からして刑の範圍を上せたのである彼の單純に名譽を毀損するだけても矢張り一年以下の懲役禁錮に處すとなつて居る、それ以上現在身體に害を加へるのであるからして名譽毀損罪との刑の權衡をも顧みなければならぬ。

○修正の要領「法調」　現行法第三百十七條は過失の原因として疎虞懈怠又は規則慣習を遵守せすの文句を用ふると雖も無用の語たるのみならず從來徒らに疑義の基因となりたるを以て本案は此文句を削り單に過失に因て人を傷害したる場合を規定したり。（前改正案第二編第十一章第三節）

○親告「法調」　過失に依つて人を傷害したる場合は告訴を待たずして之を論ずるの價値なし故に本法は實際上の必要に應ずる爲め親告罪とせり。

第二百九條　過失に因り人を傷害したる者は五百圓以下の罰金又は科料に處す

第二十八章　過失傷害の罪

前項の罪は告訴を待て之を論す
第二百十條　過失に因り人を死に致したる者は千圓以下の罰金に處す
第二百十一條　業務上必要なる注意を怠り因て人を死傷に致したる者は三年以下の禁錮又は千圓以下の罰金に處す

第二十九章　墮胎の罪

第二百十二條　懷胎の婦女藥物を用ひ又は其他の方法を以て墮胎したるときは一年以下の懲役に處す
第二百十三條　婦女の囑託を受け又は其承諾を得て墮胎せしめたる者は二年以下の懲役に處す因て婦

女を死傷に致したる者は三月以上五年以下の懲役に處す

第二百十四條　醫師、產婆、藥劑師又は藥種商婦女の囑託を受け又は其承諾を得て墮胎せしめたるときは三月以上五年以下の懲役に處す因て婦女を死傷に致したるときは六月以上七年以下の懲役に處す

第二百十五條　婦女の囑託を受けす又は其承諾を得すして墮胎せしめたる者は六月以上七年以下の懲役に處す

前項の未遂罪は之を罰す

第二百十六條　前條の罪を犯し因て婦女を死傷に致

したる者は傷害の罪に比較し重きに從て處斷す

第三十章　遺棄の罪

第二百十七條　老幼、不具又は疾病の爲め扶助を要す可き者を遺棄したる者は一年以下の懲役に處す

○本條の主體及刑の範圍「倉富所說」　本條の犯罪は單純の遺棄罪であつて扶養の義務者以外の者を指す、扶養の義務ある塲合は次條に規定してある、而して刑の範圍を徵役に限て科料罰金等の刑を認めて居ない、其所以は遺棄罪には隨分殘酷の塲合があるからである假へば病氣に罹て動けない雇人を主人が遺棄する如き事例を想像すれば毫も恕すべき點は無からうと思はれる。

○本條の削除「衆議院に於て如上の修正說提出されたれ共否決と爲る其論旨は」　本條の規定は餘りに苛酷である、所謂遺棄なる文字

の中には放任をも包含することゝ為る、遺棄罪の主體は次條の扶養義務者に限らしむべきもので、本條の如く保護義務のなき者に斯る苛酷なる刑罰を科することゝ規定せるは至當でない。

第二百十八條　老者、幼者、不具者又は病者を保護す可き責任ある者之を遺棄し又は其生存に必要なる保護を爲さゝるときは三月以上五年以下の懲役に處す

自己又は配偶者の直系尊屬に對して犯したるときは六月以上七年以下の懲役に處す

（草按には第二項の規定無し）

○草按の尊屬に對し特例を設けざりし理由「倉富所説」　本條は保護の責任を以て居る者が遺棄したる場合の規定であるからし

て、尊屬と云ひ卑屬と云ふ其關係は詰り「責任ある者」の內容に過ぎない、故に法律が殊更に此場合を規定せる以上は猶其外に尊屬に對する罪なりとの事由を以て特別の條項等を設けずとも、本條の規定に據り三月以上五年以下の範圍內に於て處分すれば足りるのである。斯かる理由を以て前改正案第二百五十四條第二項の尊屬親に對する特例を削つたのである。

○第二項の補修　「貴族院に於て可決せる如上の修正說確定法文と爲る、其修正論旨は」

尊屬親に對ずる遺棄罪の特例を認めざりし起草者の意見は保護責任者が犯罪の主體であるから當然此法文にて子孫が尊屬親に對する遺棄罪の司配をするからと云ふにあれども、併し之丈けの理由では彼の殺人罪傷害罪等には尊屬親に對する特例を認めながら遺棄の罪に此特例を認むるに及はぬとの根據とはならない、矢張前改正案と同様に此特例を認むるため第二項の補修を至當とする。

第二百十九條　前二條の罪を犯し因て人を死傷に致したる者は傷害の罪に比較し重きに從て處斷す

第三十一章　逮捕及ひ監禁の罪

第二百二十條　不法に人を逮捕又は監禁したる者は三月以上五年以下の懲役に處す

自己又は配偶者の直系尊屬に對して犯したるときは六月以上七年以下の懲役に處す

第二百二十一條　前條の罪を犯し因て人を死傷に致したる者は傷害の罪に比較し重きに從て處斷す

第三十二章　脅迫の罪

○脅迫罪を親告罪と爲さゝりし理由「倉富所說」　罪を告訴を俟て其罪を論することとせば實際上被害者は後難を恐れて告訴を爲し能はない塲合が多い　脅迫されて之を親告する、爲めに更に脅迫を受くると云ふ樣な事例があつて、刑法の效果を奏するに適當でないから之を親告罪とせなかつたのである。

○脅迫罪は親告罪にするを以て至當とす「衆議院に於て如上の修正說提出否决となる、其論旨は」　此種の犯罪は被害者自身が脅迫とも何とも感じない何等畏懼の念を起さぬと云ふ塲合に於ては更に之を罰すべき必要はない　畢竟心意狀態を基礎として成立すべき犯罪であるから被害者の告訴を俟つて其罪を論ずるを以て最も至當と云はなければならない。

第二百二十二條　生命、身體、自由、名譽又は財產に對し害を加ふ可きことを以て人を脅迫したる者は一年以下の懲役又は百圓以下の罰金に處す
親族の生命、身體、自由、名譽又は財產に對し害を加ふ可きことを以て人を脅迫したる者亦同し
第二百二十三條　生命、身體、自由、名譽、若くは財產に對し害を加ふ可きことを以て脅迫し又は暴行を用ひ人をして義務なき事を行はしめ又は行ふ可き權利を妨害したる者は三年以下の懲役に處す
親族の生命、身體、自由、名譽、又は財產に對し害を加ふ可きことを以て脅迫し人をして義務なき事を行は

しめ又は行ふ可き權利を妨害したる者亦同し
前二項の未遂罪は之を罰す

第三十三章　略取及ひ誘拐の罪

第二百二十四條　未成年者を略取又は誘拐したる者は三月以上五年以下の懲役に處す

○未成年者と幼者「倉富所說」　未成年と云へば既に二十歳のものもあるけれども要するに法律に於ては未成年の者は未だ智能の不十分なものとして、總てのことか規定してあるのであるから、相當のことは考へても尙智能は不十分であると云ふことを想像するのが適當であらうと思はれる、現行法に於いても二樣になつて居る、十二歳に滿たざる幼者、十二歳以上二十歳に滿たざる幼者の兩樣に區別をして、やはり略取誘拐の罪を規定して居る故に其點に付いては現行法と變りはない積りである即ち未成年者を云々として幼者とせなかつたのは實際の取締上甚だ困る場合があるからである、之を幼者として其標準を犯罪責任年齡の十四歲位を採つた所が十四歲と云へば算へ年の十五歲或は十六歲亦其位の年齡の者には啗はすに利益を以てするか策略を用ゐて之を誘拐すると云ふことは極めて易いと思はれる、僅かに十六七の者が承諾したら犯罪にならぬと云ふことも至當ではない。

第二百二十五條　營利又は結婚の目的を以て人を略取又は誘拐したる者は一年以上十年以下の懲役に處す

○猥褻「倉富説所」　本條及第二百二十七條第二項に所謂猥褻と

は單純なる男女間の姦淫を包含して居つて廣き意義の猥褻である

本法廿二章には猥褻姦淫と書き分けてあるけれ共、這は帝國議會貴族院の議に於て特に姦淫なる文字を加へたので、爲めに本條及第二百二十七條第二項の猥褻なる文字の意義に變更などはない。

〇結婚の目的を以て略取誘拐したる者「同上所說」　對手者の眞實承諾のある場合は無論本條に這入らないのである。誘拐と云ふ以上は或は詐計を用ゐるか或は威力を用ゐるか兎に角本人の眞實の承諾を得ずして伴れ出す場合であるから、假令其目的は結婚に出でし場合なりとて尙之を罰する必要が認められる、略取と誘拐の間には暴力を用ゐると詐計を用ゐるとの差があるだけて其結果より見れば共に相均しいものと思はれる。

第二百二十六條　帝國外に移送する目的を以て人を

略取又は誘拐したる者は二年以上の有期懲役に處す

帝國外に移送する目的を以て人を賣買し又は被拐取者若くは被賣者を帝國外に移送したる者亦同し

第二百二十七條　前三條の罪を犯したる者を幇助する目的を以て被拐取者又は被賣者を收受若くは藏匿し又は隱避せしめたる者は三月以上五年以下の懲役に處す

營利又は猥褻の目的を以て被拐取者又は被賣者を收受したる者は六月以上七年以下の懲役に處す

○「人を賣買」「被賣者」等の文字「倉富所說」　本條及前條の「人を賣買し」「被賣者」等の文字は妥當ではないけれ共、如何にするも事實を言顯はす法律上の用語がないから餘儀なく斯かる文字を用ゐたのである。

○結婚の目的を以て被賣者を收受したる者「同上所説」　第二百二十五條の略取誘拐は假令結婚の目的から出て居つても之を罰する必要あるけれども本條の收受は既に被害者は略取若くは誘拐を受けて悲境に居るのであるから此被害者と終生苦樂を共にする結婚の目的を以て收受する場合は寧ろ被害者即ち被略取者或は被賣者の利益になる場合が多からうと思はれる、此故に本條は結婚の目的を以て之等の者を收受したる行爲を除外したのである。

第二百二十八條　本章の未遂罪は之を罰す

第二百二十九條　第二百二十六條の罪、同條の者を幇助する目的を以て犯したる第二百二十七條第一項の罪及ひ此等の罪の未遂罪を除く外本章の罪は營利に出てざる場合に限り告訴を待て之を論す但被拐取者又は被賣者犯人と婚姻を爲したるときは婚姻の無效又は取消の裁判確定の後に非されは告訴の效なし

第三十四章　名譽に對する罪

第二百三十條　公然事實を摘示し人の名譽を毀損したる者は其事實の有無を問はす一年以下の懲役若くは禁錮又は五百圓以下の罰金に處す
死者の名譽を毀損したる者は誣告に出つるに非されは之を罰せす

○死者の名譽「同上所說」　名譽毀損の罪は親告罪であるから、當然告訴して利益を受くるだけの緣故を有する人でなければ告訴も出來ない譯になる、從つて死者の範圍も自から限定せらるゝことゝなる、別に法律上何代以前の死者と云ふ如き限界はない。

第二百三十一條　事實を摘示せすと雖も公然人を侮辱したる者は拘留又は科料に處す

第二百三十二條　本章の罪は告訴を待て之を論す

第三十五章　信用及ひ業務に對する罪

第二百三十三條　虛僞の風說を流布し又は僞計を用ひ人の信用を毀損し若くは其業務を妨害したる者

は三年以下の懲役又は千圓以下の罰金に處す

○信用に對する罪と名譽に對する罪との刑の對照「同上」㊟ 本條の慮つて居る所は信用の毀損業務の妨害と云ふ結果のある場合を想像して居るのであるから幾らか名譽罪よりも此方を重く罰する必要があると云ふ考からして三年以下の懲役又は千圓以下の罰金と云ふことにしたのである、そして實際如何に信用が毀損されたか如何なる程度に業務が妨害されたかと云ふ結果を測るは困難かも知れぬが之は裁判上確定されるのである。

第二百三十四條　威力を用ひ人の業務を妨害したる者は前條の例に同し

第三十六章　竊盜及ひ强盜の罪

第二百三十五條　他人の財物を竊取したる者は竊盜の罪と爲し十年以下の懲役に處す

第二百三十六條　暴行又は脅迫を以て他人の財物を强取したる者は强盜の罪と爲し五年以上の有期懲役に處す

前項の方法を以て財產上不法の利益を得又は他人をして之を得せしめたる者亦同し

○無形の强取「倉富所說」　本條第一項は有形に他人の財產を强取すると云ふ性質である、然るに實際の事例から云へば無形の强取を以て自巳の債務を免るゝと云ふ事が間々ある、現行法ては債務の免脫を計るなどの塲合には盜罪にならぬと云ふことになつて居るから、本條第二項を以て其不備を補ふために第二項を設けたのである。

第二百三十七條　強盜の目的を以て其豫備を爲したる者は三年以下の懲役に處す

第二百三十八條　竊盜財物を得て其取還を拒ぎ又は逮捕を免れ若くは罪跡を湮滅する爲め暴行又は脅迫を爲したるときは強盜を以て論す

第二百三十九條　人を昏醉せしめて其財物を盜取したる者は強盜を以て論す

○昏醉「仝上」　昏醉と云ふことは其人の知覺を失はしめる全然失はしめても宜いかも知れぬ現行法で酔迷と云ふ文字を使つて居るのどやはり同一の意味である、勿論酒其他如何なるものを用ひてもよい。

第二百四十條　强盜人を傷害したるときは無期又は七年以上の懲役に處す死に致したるときは死刑又は無期懲役に處す

第二百四十一條　强盜婦女を强姦したるときは無期又は七年以上の懲役に處す因て婦女を死に致したるときは死刑又は無期懲役に處す

第二百四十二條　自己の財物と雖も他人の占有に屬し又は公務所の命に因り他人の看守したるものなるときは本章の罪に付ては他人の財物と看做す

第二百四十三條　第二百三十五條、第二百三十六條、第二百三十八條乃至第二百四十一條の未遂罪は之を

第二百四十四條　直系血族、配偶者及ひ同居の親族又は家族の間に於て第二百三十五條の罪及ひ其未遂罪を犯したる者は其刑を免除し其他の親族又は家族に係るときは告訴を待て其罪を論す
親族又は家族に非さる共犯に付ては前項の例を用ひす

○第二百三十五條の未遂罪を犯したる者「同上」此二百三十五條は全く既遂の事實に付いて規定を設けたのであつて、それに隨つて此二百四十三條に至つて、是々の箇所の未遂罪は之を罰するとしてあつて、未遂罪は自から特別の罪のやうに規定してある、故に單に二百三十五條の罪としたのみでは二百四十

三條中の二百三十六條の未遂罪は漏れる虞がある、全體此案には未遂罪は特別に書くと云ふ方針になつて居るから、二項から四項の間の列記に於ても總て未遂罪を特別に揭げてある故に本條は二百四十四條の規定があるにも拘はらず殊更に第二百三十六條の未遂罪云々としたのである。

第二百四十五條　本章の罪に付ては電氣は之を財物と看做す

第三十七章　詐欺及ひ恐喝の罪

第二百四十六條　人を欺罔して財物を騙取したる者は十年以下の懲役に處す

前項の方法を以て財產上不法の利益を得又は他人

をして之を得せしめたる者亦同し

○人を欺罔し「富倉所説」「人を欺罔し」「騙取」などは現行法と同一意味である素より第三者を欺罔して財物を取る場合も含んで居る、例へば裁判官を騙まして間違た判決をなさしめ其判決を利用して相手方の財物を取る如きである。

○民事訴訟に於ける證書の否認「議實」民事訴訟の當事者が自分の作成したに相違なき證書を否認する如き場合は本條の罪の未遂を構成するや「富倉答」證書の否認などは一概に云へない其否認する意思が思違ひであるか、或は自分が確かに證書を出したことを知りつゝ否認する場合であるか、斯くの如きことは畢竟事實に據ることゝ思ふ。

第二百四十七條　他人の爲め其事務を處理する者自己若くは第三者の利益を圖り又は本人に損害を加

ふる目的を以て其任務に背きたる行爲を爲し本人に財產上の損害を加へたるときは五年以下の懲役又は千圓以下の罰金に處す

○本條の罪の事例「倉富所說」　本條は新たに設けた規定で仲買人などが人から依賴を受け却つて不德義の行爲を爲すと云ふやうな塲合を本條は豫想したのである。

第百四十八條　未成年者の知慮淺薄又は人の心神耗弱に乘して其財物を交付せしめ又は財產上不法の利益を得若くは他人をして之を得せしめたる者は十年以下の懲役に處す

第二百四十九條　人を恐喝して財物を交付せしめたる者は十年以下の懲役に處す

前項の方法を以て財產上不法の利益を得又は他人をして之を得せしめたる者亦同し

第二百五十條　本章の未遂罪は之を罰す

第二百五十一條　本章の罪には第二百四十二條、第二百四十四條及ひ第二百四十五條の規定を準用す

第三十八章　横領の罪

○横領の意義「同上」　横領の罪は現行法にあるところの監守盜、受寄物費消の二つを含めたのである。

第二百五十二條　自己の占有する他人の物を横領したる者は五年以下の懲役に處す

自己の物と雖も公務所より保管を命せられたる場

合に於て之を横領したる者亦同し

第二百五十三條　業務上自己の占有する他人の物を横領したる者は一年以上十年以下の懲役に處す

○業務上の意義「同上」　此法に於て業務と云ふは多く職務と職業との兩様を含くまして居る、第二百十二條の過失傷害の所にも業務と云ふ文字がある、其外にも尚業務上と云ふ文字を使つて居るが是は何れも兩様を含む積りである。

第二百五十四條　遺失物、漂流物其他占有を離れたる他人の物を横領したる者は一年以下の懲役又は百圓以下の罰金若くは科料に處す

○本條と遺失物法「同上」　本條の規定は明治三十二年法律第八十七號遺失物法第十六條に書いてあるか此法律のために遺失物

法の第十六條は消滅することになるのである。

第二百五十五條　本章の罪には第二百四十四條の規定を準用す

第三十九章　贓物に關する罪

第二百五十六條　贓物を收受したる者は三年以下の懲役に處す

贓物の運搬、寄藏、故買又は牙保を爲したる者は十年以下の懲役及び千圓以下の罰金に處す

○自由刑と財産刑とを併科したる理由「平沼學士」　本條第二項の罪は勿論單純な罰金刑だけで其犯狀に適當する譯ではない、又單純なる自由刑でも此犯狀に相當しない自由も奪ひ財産刑も科

したい其罪質に依つて此刑を認めたのである、此法中其他のヶ所には財産刑と自由刑とを併科する場合の規定はない。

○贓物の意義「同上」　強竊盗の賍物に限らず、無論詐欺等の賍物もやはり此中に含んで居る。

第二百五十七條　直系血族、配偶者、同居の親族又は家族及ひ此等の者の配偶者の間に於て前條の罪を犯したる者は其刑を免除す

親族又は家族に非さる共犯に付ては前項の例を用ゐす

第四十章　毀棄及ひ隱匿の罪

第二百五十八條　公務所の用に供する文書を毀棄し

たる者は三月以上七年以下の懲役に處す

第二百五十九條　權利義務に關する他人の文書を毀棄したる者は五年以下の懲役に處す

第二百六十條　他人の建造物又は艦船を損壞したる者は五年以下の懲役に處す因て人を死に致したる者は傷害の罪に比較し重きに從て所斷す

○他人の建造物「同　上」　他人と云ひ人と云ふと一定して居ないやうな嫌ひがあるけれども其前後の關係で或は他人と云ひ人と云ふのであるが此等のところはやはり自己に對して他人と云ふた趣意であると思ふ、併しながら他人の建造物などと云ふときは同居の人が損壞したときの如きは他人の建造物にならまいと思ふ。

第二百六十一條　前三條に記載したる以外の物を損壞又は傷害したる者は三年以下の懲役又は五百圓以下の罰金若くは科料に處す

○傷害「同上」　本條の豫想するところは非常に廣い意意であるからして此中にはやはり家畜等の如き生活ある動物も包含して居る故に特に傷害と云ふ文字を使つたのである。

第二百六十二條　自己の物と雖も差押を受け物權を負擔し又は賃貸したるものを損壞又は傷害したるときは前三條の例に依る

第二百六十三條　他人の信書を隱匿したる者は六月以下の懲役若くは禁錮又は五十圓以下の罰金若くは科料に所す

○信書の隱匿と開披との刑の權衡（同上）　場合に依りては隱匿と云ふことも之を生ずることは勿論あり得るが第百三十三條の方は秘密を侵すと云ふ側から來て居るのである、本條は一つの物件と云ふやうな考へてあるからして刑の權衡が違ふのが適當であらうと云ふ。

第二百六十四條　第二百五十九條第二百六十一條及ひ前條の罪は告訴を待て之を論す

貴衆兩院刑法改正按審議要集

一、衆議院（第一讀會）

○國務大臣松田正久氏の提出理由説明

（本書大体に通ずる修正理由のヶ所に摘出）

○議員花井卓藏氏質問

○…………質問があります、委員會に於て質問すべき性質のものでない、改正案の大主義に關することでありますから、此場合に於て政府の意見を承つて置くのが必要であると思ふのであります、第一に伺いたいのは犯罪後の法律に依りまして、刑の變更のございました場合には、必ず舊法に從ふべきものであると云ふのが一つの刑事法上の原則であると私は考へる、若し此説が相立たない場合には、必ず新法に依るのであると云ふのが一つの主義であらうと思ふのである、改正刑法は極めて社會の進歩に伴はしむべく、日新の學理に合せしむべく出來上りたるものであると云ふことであります、本員も大體の觀察と致しましては此刑法を歡迎した、然るに此點に關しまして舊法主義をも執らぬで、新法主義をも執らぬで、依然たる現行法の制度を執つて、新舊比照の法即ち折衷主義、折衷主義と云つても折衷では主義にならない、左樣な古い説を御採りになつた根據、又採らざるべからざる所以の理由を承りたいのでありまする、第二に今日刑法一般の傾向と云ふものは、死刑と云ふものは蠻刑である、特別豫防にも必要がない、一般豫防にも必要がない、且效驗のないと云ふ事柄は學理論ばかりではない、實際に示して居るのである、此進歩したる刑法此改正したる刑法に於て、死刑を尙存置せしめらるゝと云ふ理由を承りたい、第三に無期刑です、無期刑と云ふ刑は私の見るところに依れば、死刑以上の惡刑である、是も何人も認めて居るところである、殆ど爭のない學理である、死刑は瞬間に於て身首所を異にすのであるが、無期刑は命を終るまで、日々刻まれつゝある、殺されつゝあるところの極刑である、人をして絶望の淵に到らしむべき性質のものであつて、刑の目的と云ふものは到底達すべからざるものである、生命ある墳墓である、斯の如き蠻刑、惡刑、死刑以上の刑罰を尙存置せしめらるゝ理由はどの邊にあるか、本員は此改正案の議事には參與したる一人でございまするが、唯今申上げましたる、此改正を最も要すべき三箇條の點に付いて、爭つて容れられず、啻に容れられざるのみならず、本員の説に反對する政府者も、其他の委員も、何等の言明するところがなかつたのである、此刑法は歴史の上に光彩あらしめたいのである、其故に斯樣な質問を致しまして、此質問を今日の事態に於て、特に容るゝことの出來ない所以と云ふものを表明せらるべきは、政府の責任であらうと思ふ、刑法に對する責任であらうと私は考へるのである、それから第四に御尋したいのは執行猶豫です、執行猶豫の範圍は現行の一年を二年に擴張する、其點は甚だ宜しうございまするが、罰金刑に之を及ぼれさないのである、御承知の如く金刑は體刑に比して輕きものである、又禁錮若くは罰金と云ふが如く、罪質に於て選擇になつて居るのである、然るにです、然るに體刑には執行猶豫の恩典があり、金刑には執行猶豫の恩典がない、恩典と云ふと語弊がありますが、執行猶豫がないと云ふことは、刑罰の觀念に於て甚だ偏頗なるを免れぬと思ふである、此の如く一は執行猶豫を授けず、而も重く、一は執行猶豫を授け而も輕く、若くは同等の罪質に於て區別を立てられたる根據を私は承りたいのである、第五には中止犯を罰すると云ふ事柄になつて居る、中止犯を罰すると云ふことになれば、犯罪を奬勵すると云ふ事柄になるのである、犯罪の意思を罰すると云ふ事柄になるので、進歩したる刑法の迎へざるところである、然るに中止犯罰せらるゝが如き規定を存置せられたるのは、時勢の進運と兩立せざるの感を懷くのである、故に此點に付いて質問を致すのでてる、それからもう一ツ――委員會ではいけない問題であるから、御聽を願ひたい、第六は所犯犯人の信じたるところより重く、或は之と均しき場合に於きましては、其信じたるところに從つて處斷すべきが當然である、又犯人の信じたるところより輕き場合に於ては現に犯したるところに從つて處斷すべきものであると云ふことも、今日の學説である、之をも迎へられて居ないので、之を迎へられざる所以――もうあとは一つである、第七に是は行政權に依らずして裁判力に依てです、裁判力に依て爲すところの不定期刑の制度と云ふものは設けて宜しいと思ふ、本員は行政權に基ける不定期刑と云ふ事柄は歐米各國に於て採用して居るに拘らず、反對であるけれども、判決力に基ける不定期刑の制度と云ふものは、現今の刑法が迎へて宜しいところの制なりと思ふ、然るに之をも削られたる理由は何の邊にあるかと云ふことを承りたいである、其の他いろ／＼質問の條項はござますけれども、それは委員會に於て申上げるべきこと、唯今の疑問は刑法典に關しては明かに諸君の面前に於て政府の意見を聽かなければならぬ、之を聽いて刑法案の理想も分るのである、刑法案の主義も分るのである、本員は此案を迎ふる論者である、迎ふる論者であるが故に、極めて好意を以て質問するのである、それでございますから、政府は叮嚀親切に此點に關する答辯を與へられんことを希望致します

○政府委員平沼騏一郎氏答辯

唯今の花井君の御質問に御答を致しまする、花井君の御質問は都合七點に相成つて居りまするが、之を御質問に從ひまして御答を致しますが、第一の御質問は今度の改正案に於きましては、新舊比照の法則を設けたのは如何なる理由であるかと云ふ御質問でありました、其御質問の趣意を承はりますと云ふと、主義としては必ず舊法に從ふか、或は新法に從ふか、どちらかに一致しなければならぬのに、それに據

らないで、斯う云ふ新舊比照と云ふやうな法制を設けたのはどう云ふ譯であるかと云ふことに承りました、是は主義のことを別段申上げる必要もなからうと思ひます、詰り今度の改正案に於きまして此點の法則を置きましたのは、結局犯罪當時の法律に於きまして輕く罰して居るものを、新法が是より重くなつたと云ふ理由で、より重く罰すると云ふのは酷である、斯う云ふ理由の趣意から致しまして、やはり新舊比照の法則は存置しましたのでございます、何も此主義の上からして非常なむづかしい理窟が此間に存して居る譯ではないのであります、それから第二が死刑を何故に存置したか、第三は無期刑を何故に存置したかと云ふ御質問でございます、是は長く申しましたならば、議論に渉りませうと思ひまする、で政府は改正案に於きまして之を存置しましたのは單純に犯罪の――花井君の言はれまする一般豫防、特別豫防のために之を存置するのが必要である、斯う云ふ理由からして之を存置致しましたので、此上は議論に相成りますから之に止めて置きます、それから第四が執行猶豫の恩典を罰金に及ぼさぬと云ふのは、どう云ふ譯であるか、斯う云ふ御質問に承りました、是も或は議論になるかも知れませぬが、政府に置きまして罰金に對して執行猶豫の制を認めませぬ理由は、執行猶豫を設けました根本と云ふものは、詰り短期自由刑の弊害を成るべく避けたいと云ふこと、それから成るべく禁錮罰金に處せられました其結果を既に悔悟致して居りまするところの犯人の心情にいつまでも殘したくない、斯う云ふ理由からして執行猶豫の制度を設けたのでありますから、當然是は罰金には及ばぬ、斯う云ふ結果になるのであります、それから第五の質問は中止犯を罰するのは、どう云ふ譯であるか、成程今度の改正案に於きましては、中止犯は其刑を減免又は免除することを得、斯う云ふことに相成つて居るのであります、即ち最も氣の毒な場合、即ち眞に悔悟をして中止したと云ふやうな場合は、其刑を全く免除することが出來るのである、さりながら中止犯にはいろ〳〵ありまして、必しも悔悟致した者ばかりでない、或は怖れて止める者もある、或は利益の觀念から中止する者もある、是等の者まで免除の恩典を與へる必要はない、斯う云ふ考から致しまして、是を裁判官の裁量に一任したのであります、それから第六の所犯々人の信ずるところ云々と云ふ長い御質問でありましたが、是は詳しく御言葉も覺えませぬが、結局犯人が信じたるところと、實際の結果と、齟齬致しましたる場合の規定を設ける必要があるではないかと云ふ御質問であります、是は政府に於きましては他の條文より解釋は十分に付くであらう、斯う云ふ考へから致しましまして特に其條文を置かなかつたのであります、それから第七が不定期刑――不定期刑の制度を何故に採用しなかつたと云ふ御質問であります、此不定期刑を設くるや否やと云ふことは、大議論でありませう、さりながら此不定期刑と云ふことが必ず宜しい、不定期刑の制度を採用するのが適當である、斯う云ふ議論にもまだ一定して居らぬやうに考へるのであります、政府に於きましては、必しも將來不定期刑と云ふものは採用すべからざるものと斷定を致した譯ではないのであります、又現今の制度に於きまして必ず不定期刑と云ふものを採用するのが至當であると云ふ信念を持たないのであります、それで此不定期刑の制度は採用しなかつたのであります、是れだけの御答を致します

二、貴族院　（第一讀會の續き）

○委員會經過

○副委員長村田保氏報告

委員會は去ぬる四日に正副委員長の選擧を致しまして十二日まで四回委員會を開きました、今回は全體に付きましては一名の反對者もございませず、何れも熱心に本案の通過を希望せられました、尤も質問は餘ほど出まして、百十二箇所ほどの質問がございました修正も十一箇所程出ましたが、此中八箇だけが成立を致しましたのでございます、即ち御手許に回つて居ります通りの修正を加へまして委員會は通過を致しました、それで是より其修正になりました件を申上げまするが、此の八箇の修正の中、大概皆原案の意味に少しも變りませぬ、唯だ文字上の修正に過ぎぬので、唯だ一箇條だけ實質上の修正を加へましたのでございます、即ちそれは第二十二章の「猥褻姦淫及び重婚の罪」でございます、原案には「猥褻」とあります其下へ「姦

淫」の二字を加へたのであります、現行法にも矢張り此字が加はつて居りまして、此章の中には或は強姦罪もございますれば、或は有夫姦もございます。それ等のございまするに拘らず、猥褻と重婚の二つにして置いたらば、姦淫の場合は含まぬことになる、猥褻と云ふ中に姦淫も含むと云ふのは少しく穏かでない、併しながら原案の趣意は成るべく各章の標題を短くしたいと云ふ趣意から致して、矢張り猥褻の中に姦淫をも含ませる積りでありましたが、其意味を明瞭にするには、矢張り現刑法の如く「姦淫」と云ふ字を加へたら宜からうと云ふので、其説が多數になりました、それだけのことでございます、それから第三十六條、第三十七條、第三十八條に修正を加へました、それは第三十六條は二項、第三十七條は一項、第三十八條は二項、でございますが「情狀に因り其刑を減輕又は免除す」と原案にはございました、所がそれも其意味に於ては原案と少しも違はないのでございますが、唯「減輕又は免除す」と云ふ唯すと云ふことに決めますると餘ほど人が解釋を誤るであらう、恐らくは滿場の諸君もさう云ふ御解釋があるだらうと思ひます、防衛の程度を超えたる行爲は情狀に因り減輕又は免除するときつかり言ふと、防衛を超えた行爲は必ず其刑を減輕するか、情狀に因つて減輕するか、又は免除しなくてはならぬと恐らくは解釋するであらう、所が原案の趣意は矢張り防衛の程度を超えた行爲は當然之を罰すると云ふので、必ず免除する譯ではない、けれども情狀に因つては減輕又は免除することが出來ると云ふのでございますから、それ故に卽ち裁判官が其情狀に因りましては假令程度を超えた行爲でも或は其刑を減輕することも出來、或は免除することも出來ると云ふので、さうして見ますると云ふと、矢張り此所は「減輕又は免除することを得」と云ふ方が確に、さうして解釋を誤ることが無いのでございます、既に現行の刑法にも「情狀に因り」と云ふときには「減輕することを得」とか、情狀に因つて是だけは減輕することが出來ると云ふやうになつて居りますからして、萬一さう云ふ解釋を誤つてはならぬと云ふ趣意から此條を改正いたしました、併しながら原案も情狀に因つて減輕又は免除すと云ふのであつて、當然其行爲は罰すると云ふ趣意でございますれば、斯の如く修正しても唯其趣意が明に分るだけのことでございますから、結局斯う云ふ修正になりまして、第三十六條、第三十七條は「す」と云ふ下へ「ることを得」と云ふ字を加へました。それから第四十三條でございます是は實質上の改正を委員會が加へましたのでございます、是は其未遂罪の場合でございますが、此未遂罪と云ふものは、原案で見ますれば犯罪の實行に著手しただけの者は其刑を減輕すとありまして、未遂罪と云ふものを必ず是は法律上、犯罪を仕遂げぬときには減輕をしなくてはならぬと云ふことに今回はなつて出ました、然る所、第十六議會に於きまして、本院を通過しました案には、矢張り「減輕することを得」となつて居りました、今回は現刑法に於きまして未遂罪は本刑に一等又は二等を減ずると云ふことになつて居りまするからして、どうも却つて其事を仕遂げぬ者をば本刑と同様の刑に處するは少しく過酷云あらう、それ故に矢張り是は未遂罪は減輕すると云ふことになつて出たのでありまず然る所、未遂罪と申すものは、餘ほど其危險な塲合がございまして、全く其本人が思ふだけのことは未遂罪であつても殆んど遂げたと云ふやうな塲合がある、一例を擧げて見ますれば、人を縊り殺さうと思つて縊り殺して見た所が、其後に殺し方が惡るかつたに依りまして或は蘇生したとか、又は人を斬り殺して、さうして自分は止めを刺した積りである、止めを刺した所が氣管を外れて居つて、あとで蘇生したと云ふこともある、さう云ふ者もございます、さう云ふ危ぶない塲合がある、當人は十分に仕遂げたと思ひました所が、仕遂げないであとで斯う云ふ工合に蘇生するなど云ふことがございますから、さう云ふ者を減輕するのは甚だ穩かでない、それのみなりませず現刑法の時分は減輕をしなくてはならぬと云ふ餘ほど已むを得ぬ事情があつた、それはなぜと申しまするに、現行刑法は刑の範圍が誠に狹くなつて居ります、例へて見ますると、人を謀殺したる者は死刑に處すと云ふので、死刑の一つであた、或は人の家屋に放火した者は死刑に處すと云ふので、現刑法には唯一刑に定めてありました、それ故に或は此謀殺の塲合に致しても、どうも其者があとで蘇生したと云ふことになりますれば、假令自分はそれまでのことを致しましてもどうも其者が蘇生したと云ふことになれば、全く殺し終らぬのであるからして、それをば死んで居る者の刑かあると云て其死刑に處するのはどうもいかがございませぬから、現行法には其未遂罪をば一等又は二等を減ずると云ふことにしたいと思ひますが、今度の刑法……此度の刑法のみならず、第十六議會に出まして前に通過しました刑法にも、矢張り此刑の範圍が廣くなりまして、假令人を殺し終りました者でも此改正案でございますれば死刑に處しても無期徒刑に處しても、或は三年以上の懲役に處すると云ふことがありますから、今日はそれまでの刑の範圍が廣くなつて居りますから、何も現刑法の如く未遂罪を是非、減じなくちやならぬと云ふ道理は無い、又原則から論じますれば、どうしても、著手して既に行つて、それだけのものを……自分の思ふだけの事は仕遂げて居るが、それが意外のことで仕遂げられぬとあつたと云ふものに、必ず法律上から之を減じなければならぬと云ふことは無い、それ故に他の國にも未遂犯は本刑と同じやうに見て居る所が段々ある、それゆゑ今回は是だけは矢張り曩に本院を通過して居ります通りに「減輕することを得」と云ふことにしまして、裁判官の意見に任かすと云ふことにしまして、或は情狀に因りましたらば假令懲役の三年以上とございましても、それより減じなくちやならぬ場合があるかも知れませぬからして「減輕することを得」と云ふことに致しました、それのみなりませぬ一體、刑を減輕すと云ふことになりまずと此次の中止犯と云ふのと一向權衡を保たない、此一項は是れは既遂犯でありまして、二項のは中止であります、本人が其者を殺さうと思ひまして、思ひましたけれども其場合に、もう一つて其者は殺し終ると云ふ場合に至て自分から致して悔悟しまして、如何にも惡るい事をしたと自分で後悔して自分自身から止める、悔いて仕遂げないで止めると云ふやうな場合は前の既遂犯と違ひますから、どうも刑を減輕するとか免除するとか云ふことは法律上から定めねばならぬ、それゆゑ中止犯の方は「減輕又は免除す」となりますが、併ながら、既行犯の、既に濟ましたのを自分はどこまでもやつた積りで居つたものが後に仕遂げぬと云ふ場合は、是は本來は其刑を科するものだけれども情狀に因つて裁判官が減輕又は免除すると云ふことは、權衡上さうしなければならぬ、權衡上さうしなければならぬ、權衡上にも不都合だと云ふので、斯の如く委員會は修正を致しました譯でございます、それから百十四條、是も「情狀に因り其刑を免除す」とありましたのを「することを得」としました、是は矢張り前の例と同じ譯であります、それから二百二條、二百二條に「前二條の罪を犯す目的を以て其豫備を爲したる者は二年以下の懲役に處す但情狀に因り其刑を免除することを得」と是は「一年」を「二年」と致しましたのは、百十四條の放火の場合に、其豫備犯をば二年と云ふことになつて居ります、放火の方は二年と云ふことになつて居れば此方は殺人罪でありますからして之と均く權衡を取りませぬとなりませぬから權衡上、二年にし、又百十四條の方には但書がございまして情狀に因つては其刑を免除することを得と云ふことでありますからして、矢張り百十四條と權衡を保つが爲に同じ修正を加へました、之も何も意味に於て變ることは無いのであります、それから二百十九條であります、二百十九條の二項に「自己又は配偶者の直系尊屬に對して犯したるときは六月以上七年以下の懲役に處す」と云ふ一項を委員會は加へました、之は原案の趣意は矢張り一項の「老者、幼者」とございまする、即ち責任のある者、責任のある者が遺棄罪等を犯しますれば範圍が、三月以上五年までの範圍がございますから之を融通を致し、さう云ふ尊屬親などに對した場合には此中から重い刑をば加へると云ふ趣意でございましたが、委員會はどうも他に或は殺人罪或は傷害罪などの場合には尊屬親と云ふものは別に刑を設けてあるからして、矢張り此遺棄罪にも別に之を設けるが權衡上宜くはないかと云ふことで、それが多數になりまして此一項が加はりました譯でございます、委員會に於きましては之だけの修正になつて居りまするが、委員會に於きまして關君から致しまして、此改正案に付きまして御意見がある、就いてはどうぞ委員外ではあるが規則に依つて自分の意見を述べたいと云ふ請求が出ました、委員會は其請求を容れまして關君の發言を許しました、其關君の御趣意は此修正案の出て居ります通り刑法中に祖父母、父母と云ふことをば是非加へなくてはならぬと云ふ御趣意であつた、それで此刑法は即ち祖父母、父母と云ふのがございまして、祖父母父母に對する罪は唯今述べました通り特別に設けてございます、所が關君の說は祖父母父母と云はねては、直系尊屬と云ふやうなこと抔は下等社會には分らぬ、それ故に今ま迄あつた通り祖父母、父母と云ふ事を明に掲げるが宜いと云ふことでございます、それから段々斯う云ふ修正案に出て居りますやうな御說が出ました、けれども委員會に於きましては皆御趣意は反對は無い、皆御同感である、全く祖父母父母に對する罰は重くしなくちやならぬ、是は日本の今の慣習上、誰も刑を輕くしやうの、通常の人と見やうのと云ふやうな者は一人も無い、御趣意は全く同感でありますけれども、今日斯樣な事をば刑法へ掲げると云ふことは到底出來ない、それでございますからして委員中一人と雖ども反對せ無い、贊成ではあるけれども修正を出すと云ふことは今日は出來ぬと云ふことで、それで關君も凡そ其邊は御分りになつて御出しなつたものも撤回をせられまして、實は御分りになつたことだと思うて居りました、然る所豈に圖らむや斯の如き修正案が出て居りまして、實は今日見まして驚きましたことであるのです、それで已むことを得ず本員は……斯の如きことは實は餘り述べたくないと存じますけれども、之を見ますればどうも已むことを得ず之に對して駁撃する譯ではございませぬけれども、一應はどうも申上げなくてはならぬ、一體關君は親族例、今日のことは一體どう云ふ御考になつて居るか、初め今日の新律綱領以來、現刑法などにも親族例と云ふものがございますが、一體どう云ふ風に御考へになつて居りますか、一體此親族の關係と云ふものは決して刑法などで定めるものではない、どだい是は親族の關係のことは、どうしても民法上のもので、民法から出て來るものであるそれで新律綱領の時分は勿論現刑法になりまする時分でも、また民法と云ふのは日本に無いのです、民法はございませぬけれども、どうも刑法に段々親族關係のことを設けて見ますれば、どうしても親族例と云ふやうなものに親族關係法を定めなければならぬ、民法はありませぬけれども刑法上で動かないから、どうしても民法の出るまで假に親族例と云ふものを定めなくてはならぬですから、現刑法の第百十四條と云ふものに其ことがあります、第一番にそれで此刑法に於て親族例と云ふことを書いた其時分は餘ほど苦しんだ御存じもございませうが、本員は實は明治元年から刑法のことは何して居りまして、新律綱領の前の假刑律又新律綱領の編纂にも何して、又現刑法にも何して居りますが、隨分現刑法に於て親族例を定めました時分にも、新律綱領を定めるときにも餘ほど苦しんで、此親族例は民法が定まりませぬから據所なく新律綱領などに服忌令を基にして居ります、日本に服忌令と云ふものがある、それを基にして漸く拵へた位のもので、現行刑法も矢張り元の新律綱領に據りました、それで此刑法に於て親族例と云ふものは斯う云ふものと云ふことを假に定めた位であります、所が今日はもう民法と云ふものが制定になりまして親族例と云ふものは明に直系の尊屬と云ふものはどう云ふものである、直系の卑屬はどうである、皆親族のことが明になつて見ますれば今日刑法上に何も別に親族例を掲げる必要もない、所が今日此修正を見ますると昔、民法の無い時代のことをば此所へ持て來て矢張り親族例のやうなことを定められると云ふのは、さらに本員は意を解しない、それのみならず此修正を本員から駁しますると一向、譯が分らぬことが段々あります、それで此親族例を掲げましたのにも祖父母、父母と言たときには第一分らぬ、そうかと云て刑法上、高祖父母、曾祖父母、祖父母、父母、さう長くも書かれぬから先づ祖父母、父母と云ふことに本案はありますけれども祖父母、父母と言へばどう言ふものであるか、或は高祖母、曾祖母、或は繼祖父母何々……、子孫と言へば曾玄孫まで或は外孫までも這入る、今日あの遞親族例には註釋的のものが加へてあります、それから繼母だの庶子だのと云ふものは、どだい將來になりましたならば無いものであるだらうと思ひます、けれども今日現刑法を設けました時分は已むことを得ず庶子だの繼母だのと云ふことを掲げたものでございまする、けれども是等は將來は自然に無くなるだらうと思ひまする、まあさう云ふやうなこともございまするし、又此案で見ますれば大變、祖父母父母は重いけれども外祖父母は何ともない、外孫のことは揭げてありませぬ、外祖父母は當前のやうに是では關君の修正では譯か分らぬやうな所もございます、其他第二編の二百一條に「自己又は」と云ふのがあるが、それを削て直系の尊屬……それから尚ほ一應、此刑法の改正に就きまして政府から刑法改正と云ふものをば本院へ出しましたのが第十五回、第十六回、第十七回と三年續けて出したものでございます、それで其時分のことは諸君にも御承知になり居ることゝは存じますけれども、併し段々新規な御方もございますから、其時分のことを略、御參考の爲に申上げて置かうと思ひます、第十五回に政府から此刑法改正をば本院へ出されました時分は委員會に於きまして非常な反對がありましたものであります、其際には殆んど七回ほど委員會を開きましたけれども、其反對と云ふものは到底此議院の通過は覺束ない位な反對がございまして、遂に委員會ではそれを握潰して仕舞たのです、それをば第十六回になりまして政府が更に政府部内に委員を設けて調査をしまして、さうして更に十六回に本院へ提出になりました、其時分の委員會に於きましては中々甚だ反對の意見がございましたが、丁度其時分の委員會は十三回も會合を致し、遂に其修正を三十箇條ほど加へまして、さう致して十六回は本院が通過を致したのであります、通過を致して衆議院の方へ回送になりました、所が衆議院の委員會の模様を見まするのに衆議院に於きましては中々反對がございまして、容易に委員會の通過がなりませず、遂に衆議院でも本院から回りました改正案と云ふものを十六回には握潰して仕舞たです、それから十七回に於きまして政府が更に本院へ十六回に本院の修正になりましたものをば、其儘更に十七回に提出になりました、然る所、其際十七回に不幸にしで解散になりましたものゆゑ、それぎりになつて仕舞ひました、然る所今回は昨年の六月初めより致して十二月末まで政府は委員を設けまして十六回に本院を通過を致しましたのを原案と致して十分なる調査を致したのです、さう致してそれが即ち本會へ提出になりました故に委員會も誠に短期日四回ぐらゐで容易に之を通過し、且又先ほど述べました通り委員諸君が熱心に通過を望まれました、故に斯の如く容易に議了いたしました譯でございます、それと云ふのが畢竟、今回の原案は前のよりも數等宜くなり居ると云ふことは之を以ても證するに足るだらうと存じます、それ故どうぞ滿場の諸君に於かれましても速に御賛成あらむことを希望いたします

三、衆議院 （一讀會の續き）

○委員會の經過

○委員長礎部四郎氏報告

刑法改正案の委員の經過を御報告致します此、刑法案に付きましては、委員會に於て餘程鄭重に調査を致しましたのでございます、其大體の方法と云ふものは、特別委員は六十三名でありまして、其中更に十八名を以て特別に、特別の委員を組織致しまして、其處に於て逐條審議は一旦終りまして、それから更に委員總會に於て、又再び逐條審議をして、此委員會を終了致しましたのでございますから、調査の點に於ては稍々缺點がないと考へます、就きまして此大體の刑法改正案に付きまして

は、大體に於きましては貴族院の修正にはたんと反對した所はないのでございまするが、是よりして貴族院の修正中より、更に委員會に於て修正を加へました點を一々申上げます、其第一は刑法の五十八條の第二項でございます、此五十八條の趣意と申しまするものは、即ち初犯として裁判確定を經まして、それから其刑の執行中に被告人が初犯の者にあらずして、再犯者若くは三犯者であるものが、發覺致しました場合に於ては、其再犯若くは三犯に關係しまするところの刑だけは、執行中に追加して、之を定むると云ふことが、第一項の規則でございます、而して第二項に於ては、其刑の執行を終つたか、又は刑の免除を得た時分には、どうするかと云ふ問題が第二項の規則でありまして、之を詳細に分折致しまするど、原案の儘では少しくどうも差支を生じましたので、それで第五十八條の第二項を修正致しまして、懲役の執行を終りたる後、又は其執行の免除ありたる後、發見せられたるものに付いては前項の規定を適用すと、大體の趣意は同一でありますが、唯實際に生ずべきところの疑を正しただけの修正を加へましたのでございます、此點に付きましては、政府委員に於ても、決して反對はなかつた修正でございます、それから其次に至りましては、第七十七條に一大修正を加へました、是は內亂に關する始めの條項でございますが、其內亂に關係しまするところの第一項の、即ち此死刑、無期刑若くは何年以上の懲役とござりまする、此首魁者を罰するに內亂に關しても、尙其死刑を存置して居りますのを、此内亂に關しての首魁者を死刑にすると云ふのが、重過ぎると云ふので、是も委員會に於て大分多數を以て削除になりましてござります、尤も此點に付きましては、政府委員は五十八條の修正と異つて反對でござりました、併し委員會は大多數を以て此七十七條の死刑削除のことには、委員會は大多數で贊成があたつてございます、それから其次は第九十六條、是は官吏侮辱罪に關係しまするところの條文でございます、此官吏侮辱罪と云ふことは、是は委員會に於ては、全く九十六條全部を削除になりました、さうして是までの官吏にして、侮辱を受けて、殘念と思ふ人は、是は不敬罪に依つて自がらそれだけの勇氣を以て、訴へました方が然るべきであらうと、斯う云ふ委員會の議論で、是も委員會の大多數を以て削除の決議になりました、併しながら此官吏侮辱罪に付きましても、政府に於ては反對でござりました、それから第百八條中の所謂是は兇徒聚衆の罪でござります、そこのところに於て、唯一度退けと言はれただけで退かなつた者を直ぐ檬捉へて罰するのは、誠に氣の毒である、就いては三回まで解散の命令を下しても、尚其塲を退かずして抵抗して騷廻る者だけを縛ることにしたら宜いと云ふことの議論が出ました、是も多數を以て第百八條中に「解散の命令を受くると雖も尚退かざる者は」云々と云ふことの修正に決議致しましてございます、それから第五の修正は、百二十條中に是は斯う云ふことになつて、此修正は宜いか惡るいか宜しく御審議を仰ぎまする、百二十條に即ち故意を以て溢水せしめて人の住居したる建造物を浸害致しますのて、此原案は其本文に於きましては、即ち溢水せしめて人の住居したる建造物を浸害致しますのは、此原案は其本文に於きましては、即ち溢水せしめて人の住居したる建造物を浸害したる者は無期又は何年以上の有期懲役に處すると、斯う云ふことて、但書を以て其際人を死に致したる者は死刑に處する、斯う云ふ法文になつて居りまするのが、それが其際人を死に致したる者は死刑にすると云ふ末文を削除致しまして、更に溢水せしめて、さうして人家若くは、其他人の住居するところの建築物等を浸害した者は死刑無期又は有期の懲役に處すると云ふことに改まりましたのでございます、即ち是は權衡上、此放火犯とは丁度權衡を同じうせしめた次第でございます、それから第六になりますると、是は同じく溢水のところでございますが、百二十一條でございます、此百二十一條に溢水せしめて其他の物を浸害すると云つても誠にどうも幅が分らない、即ち溢水せしめた結果、多少公共の危險を生ぜしめるときに、初めて罰すべきである、斯う云ふことで、此條文中に「浸害し因て公共の危險を生せしめたる者は」云々と云ふことに、修正に相成りました、此條文中に向一年以上十年以下とありました、其中の一年以上と云ふものは削除になりましてございます、それから第七の修正は、是は百二十一條の修正の結果、來りましたるのでございまして、所謂過失に依つて溢水せしめた其害が百二十條と同一の危險を生ずる場合がある、又百二十一條と同一の危險を生ずる場合がございます、そこで百二十一條の方と同一の危險を生ぜしめたるときは、尙百二十二條の場合にも公共の危險を生ぜしめたる云々の文字を加へんければならない必要が起りますので、即ち百二十條に倣つて之と同一の公共の危險を生ぜしめたる」云々の字句を入れて來たのでございます、それから第百三十五條は其第一項及第二項中に「故なく」と云ふ文字を加えましたのは、如何に祕密と雖も出さんければならない相當の理由があつて出すのは、どうも致方がないであらうけれども、何等故なく徒らに人の迷惑を言觸らして步るくやつは是はひどく罰するが宜からうと云ふので「故なく」と云ふ文字を加へたのであります、それから第九には是は誹毀罪に關係致しまする條文にして、誹毀罪は兎に角それに依つて即ち陷害せられたと云ふ陷害を將つ者が訴へるが宜しいと云ふ申告罪になつて居るのでありますが、單り官吏や何かに關しまするど、本人の請求がなくとも長官樣の御命令があつたときには、之を以て即ち告訴に代へると云ふやうな妙な條文でありまして、是は到底今日の程度に於て國民が承知しないと云ふことで、但書を削除になりました、併ながら兎に角誹毀罪は被害者の告訴を待つて受理するが唯一の原則と定まりましたのでございます、それから第九十六條と云ふ者が削除になりましたるに付いて、九十七條は九十六條となり、其他の條文は一條宛繰上を要することになりまして、繰上になりました、而して尙各本條中に九十七條以下の條文を引用してある所が澤山ある、其引用してある、各場所に付いて悉く一條宛繰上げて往かねばならぬ必要が起りまして、其通り委員會で修正相成りました次第でございます、此段御報告に及びます

○死刑廢止論

議員花井卓藏氏主唱

諸君、第九條にございまする死刑と云ふ二字を削りたいと云ふ修正案であります、死刑廢止の論は果して本會に於て御採用になるや否やは或は疑問であるかとも存じますが、併ながら私は數日前の請願委員會に於て死刑廢止の請願が、全會一致を以て可決せられましたるの報道に接しまして、必ず請願委員會の決議通に今日は迎へらるべきものであると信ずるものであります、幸に御賛同を得ることが出來ましたならば、此削除の一つだけ此刑法改正の面目と云ふものは立つものであると私は信ずるものである、死刑廢止といえば或は我國の實狀に鑑みまして、尙早しと云ふ說を懷く人が或はあるかも知れませぬ、反對する論者は誰も尙早しと云ふ反對に外ならぬのである、死刑を存置すべき格段なる理由のあるべき筈はないのであります、私は御承知の如き誠に非文明の人間でございまするからして、餘りに文明であるとか日進月步のあると云ふことを申すのは喜ばぬのである、併ながら國の體面を飾るところの代表とも申すべき刑法典の如きは、やはり文明の潮流に向はなければならぬ、

又日進月歩の刑制の理論と云ふものをばしらなければならぬと信ずるのである、洋服の襟や著物は日進月歩や文明などはなくても宜うございますが、國家進運の代表物とも見るべき法律だけは其の氣運に向はしめたいと私は信ずるのであります、而して死刑廢止の論は今日何れの國に於きましても、議論として事實として、何人も之を否定するものはございませぬ、誠に刑制革新の氣運は實際の利弊を攻究致しまして、今や死刑の存在を容すべからずと論結を與へて居るのであります、諸君、死刑と申すものは申上げる迄もなく一の刑罰である、人の生命を絶つの刑罰である、國家が刑罰權を實行するに當つて人の生命を絶つにあらざれば、其基礎確立せずと致したならば、餘りに刑罰の威信と云ふものが薄くはございませぬか、宗教道徳の威化は何等の權力もなく、何等の制裁もございませぬけれども、能く罪惡を未前に防ぎ、又能く罪囚を遷善改悟の道に導き得らるゝのである、然るに國家は刑罰の權威を籍りて血を見るの慘狀を演ずるにあらざれは、人の首を斬るにあらざれば、生命を絶つにあらざれば、刑罰の本義と云ふものを遂行し能はずと致しましたならば、國家は刑罰の權威を籍りて血を見るの慘狀を演ずるにあらざれは、人の首を斬るにあらざれば、生命を絶つにあらざれば、刑罰の本義と云ふものを遂行し能はずと致しましたならば、國家の權力は宗敎道德の威化力にも及ばぬと云ふことを證明するものと私は信ずるのである、堂々たる國家が屠き罪囚と戰つて其罪囚を殺戮するにあらざれば、生存防衛の上に於て困難であると云ふならば、之取りも直さず國家は罪囚を以て、己れの一敵國となすものである、犯人と國家との力の同一であると云ふことを自白するものであると謂はなければならぬのである、私は斯の如き權威なき刑罰あるを欲しなば、刑罰權威ありて初めて效を奏するのである、權威なき刑罰を國家自から之を用ゐるにあらざれば、刑罰の目的を達し能はずと云ふが如き、誠に刑法の權威なきことを告白し、自ら死刑なる刑罰を存置する理由を否定するものである、併ながら成程存置の論もある死刑に代ふべき良き刑がなかつたら、已むを得ないのである、斯う云ふ説がございましたならば、私は喜んで聽きたいのである、私の信ずるところに據れば死刑以外之に代るべき良き刑罰はあるのである法理……法律が現に敎調を垂れて居るのに思至りましたならば、反對論者の御論と云ふものは何等の價をも有せぬことになるであらうと思ふのである、敢て沿革上のことは喋々しくは申上げませぬ、併ながら死刑になる刑罰は全く舊世紀の遺物でございまして、所謂糺問を採用をして居りました刑事訴訟法と兩立すべき刑法の舊思想である、舊き思想である、梟首であるとか、獄門であるとか、或は火炙であるとか、或は鋸挽であるとか云ふ如き、誠に野蠻なる刑罰のありし時代に於て採用された所の刑名でありまする(「のう〳〵そうないで」と呼ふ者あり)左樣でございませぬと云ふ説は後で拜聽致します、兎に角野蠻國に於て野蠻人に對する刑罰であると云ふことは論を俟たぬのであります、故に此、火灸、鋸挽など云ふが如き惡刑罰の制度が刑罰の本義にあらずとして、除外せられたる今日に於ては、是と同時に同一の結果を生ずべき死刑と云ふものも、同じく存立を容すべき筋のものでないと私は信ずる、私は死刑を存すると云ふことを以て實に國家の一大恥辱として刑罰觀念の基礎を崩すものと私は斷言をするのであります、加之此死刑なるものが事實の上に於て示すところの結果は如何でございませうか、特別豫防として幾許の效驗ありや、一般豫防として幾何の效驗ありや、之を統計竝に事實に徵しましたならば、刑事政策の上より論究致しましても、死刑存置の必要なき事柄は極めて明白であるのでございます、諸君、死と云ふものは私人の罪惡を懲らさんがため國家自ら罪惡を犯すものであるのでございます、人を殺すは無道なることである、極惡なる犯罪である是に於て國家は刑法なるものを作り立て此臣民に敎を垂れて居る、其敎を垂れて居る其敎を垂れし刑法が其犯人を懲らすに當つては、敢て自ら其犯人となつて國家自ら犯人となつて、此極惡なる犯罪を犯すのである、犯す勿れと敎たるものが、自らそれを犯すとすれば、刑罰權の威信が如何にして保つことが出來ませうか、犯人の行爲を罰せんがために法律自身が犯人の行爲を爲すと云ふのは、是は死刑に於て然りとすのである(「そこを再考しなければならぬ、それが間違の本だ」と呼ぶ者あり)諸君、刑法は自らが死する即ち自殺すると云ふことさへも之を禁じて居るのである、自らが自らを殺すと云ふ事柄を法律を以て禁じて置きながら、而して國家自らは之れを敢てすると云ふことは、如何にも私は刑罰權の觀念として矛盾であると信ずるのであります、それから又一面より考へて見ますれば、死刑なるものは刑罰の觀念を復讐に取つて居るものでございます、此等の說は固より古くより傳つて居るのでありますから、私は敷衍しない、敷衍しないけれども國家は即ち國家である、公の機關である、一私人に代つて一私人たる被害者の感私憤なるものを柔ぐべき性質のものではないのである、法律は一私人の代理人となつて復讐行爲をなすべき權能も必要も有して居らぬのであります、是もやはり前と同じことで國家が復讐を禁じて、自らは復讐の代理人を爲すと云ふ事柄になるのであります、實に私は此點に於きまして死刑存置の主義と云ふもの、理想と云ふものに於て共に倶に矛盾の結果を齎し來つて居るものと斷定せざるを得ぬのでございます、又死刑なるものはです、刑罰の觀念に最も必要であるところの人をして、痛苦の念を懷かしめないものである、又改過遷善の途を遮ぎるものである、刑罰の目的は痛苦の中にです、痛苦の中に過を改め善に遷るの道を開くにあつて存するのであります、然るに一度死刑の宣告を受けたるところのものが、所謂死を覺悟して罪を犯したるものがありと致しましたならば――之を國事犯と致しましたならば、鼎の甘きこと猶飴の如しと云へるが如き覺悟を有するものは、痛苦を感ぜず、又自ら信じて好きことをなしたりとするものなれば、改過遷善の道もない筈である、放火、溢水、殺人などの死刑に該當すべき犯罪に付いても、調査を致し見ますれば、何れも皆憤怒であるとか、怨恨であるとか、或は痴情であるとか、嫉妬であるとか云ふやうな關係に兆されて起るべき犯罪であつて、彼等は此犯罪を犯す當時にありましては、深思熟慮を爲すの暇なく、此罪を犯したならば、如何なる危害が社會に起り、已は如何なる刑罰に處せらるるものであるかと云ふ事柄などに頓著は更にないのである、憤怒の向ふところ、怨恨の向ふところ、嫉妬、痴情の走るところ、知らず識らずに罪を犯すのでございますからして、固より彼等に向つて死刑の宣告を致しましたところで、彼等は何の痛苦も感じない、自から覺悟を爲して行ひたる仕事でございますからして、之が不善なり過ちなりとは信じない、從つて改過遷善の道を授けんと欲して彼は拒んで之を容れないであらう、併ながら若し之を社會と離隔して晝尙暗き獄中に繫ぎ、家庭に離れ、社會を離れ、妻子ありと雖も見ゆるを得ず、親戚あり雖も見ゆるを得ずと云ふ境遇に置いて、日夕に鐵鎖の下苦役に從はしめて彼自身が懺悔するところの聲を聞けよ、溢水罪の大なること、放火罪の大なること、殺人罪の大なることを反省して、成程怨恨の餘り、憤怒の餘り、一朝の過ちに走つて、斯様な犯罪はしたものゝ、偖て斯様な痛苦の生活をして見れば、如何に猛惡なるものと雖も本善の善に反るべき一條の光明と云ふものを望まざるものは私はあるまいと思ひます、家庭には歸りたい、社會にも歸りたい、父母にも會ひたい、妻子にも會ひたいと云ふ念情は、痛苦の中に知らず識らず彼の心的感情と云ふものを柔げて、善に反るべき――反省の念も起ずに相違ないのである、而して之は死刑以外の或る刑罰に於て保たるゝのであります、私は死刑を廢して之に代るべき長期の自由刑を以てせんとするものであります、斯くすれば痛苦の中に改過遷善の道を開くと云ふ刑罰の理義を刑法の上に表明するに於て、誠に一擧兩得であると私は信ずるものであります、反對論者は或は此點に關して恰も罪人と云ふものを以て、敵か仇かの如くに心得て、彼等は何處までも撲滅せしむべきものである、痛苦の中に改過遷善の光明を授けるなどは餘計な話であると云ふ論をせらる丶方があるか存じませぬけれども、それは甚だ暴論である、刑罰の觀念をまるで沒却したる論であると私は信ずるのであります、又死刑存置の論者が屢々唱道致しまする、私も冒頭に於て申上げましたる、即ち一般豫防竝に特別豫防として若干の效驗を現すやと云ふ點に關しましては、明かに例を歐羅巴に取るを要せず、我國に於て立派な實例が示されて居るのであります、監獄に從事する人々の團體に於て發行せらるゝところの雜誌を讀んで見ますと云ふと、夫等の事例は其數幾百の多きを重ねて居るのである、即ち京都の監獄の報告らしき一の論文を監獄協會雜誌に於て見ました、一人の老婆がございまして、親類もなければ緣者もない、親もなければ子供もない、玆に於て火を放けたならば必ず殺して貰へるに違ひない、鐵道仕生ないやである、身を投げるのもいやである、どうか絞首臺上に於て殺して貰ひたいと云ふ一の考を起した、捕へられて裁判に附せられたところが、情狀の酌むべきところがあると云ふので、無期徒刑に處せられて獄中に於て日々獄吏に訴へるところのものは何であるかと云へば、元來私は死にたいが爲に罪を犯したのである、絞罪に處して貰ひたいがために罪を犯したのである、然るに死一等を減ぜられて此苦痛を重ぬるまた授けられて吾の目的を達することが出來なくなつた、汽車往生をしやうと思ふたのも止め、身を投げやうと思うたのも止め、國家の刑典で火を放けれぱ殺すと書いてあるから、殺して貰はうと思ふて放火しても殺して貰へぬのは遺憾であると云ふ苦情を述べたる一の事實が揭げられてある、私は多くの議論を致しませぬ、死刑なるものは所謂特別豫防としてどれ程の效能がある、竝に一般豫防としてどれ程の効能がある、死を覺悟して爲す犯人に對して何等の効用をなすかと云ふことは、此一端に於て知り得られるのでありますす、特別豫防法として論をする人々は死刑などと云ふものは刑法の上に書いて置いて、唯威嚇をする道具に用ゐるだけのことである、決して之を行ふ趣意ではないけれども、死刑が存在致して居つたならば、人々相戒めて必ず此死刑に該當すべき罪を犯さないであらう、鬼面人を威すの方法で、看板のために揭げて置くのだと云ふことを學者も唱へて居るものがあるのでありまず、併ながら是は鬼面である、鬼の面である、威すために造られた鬼の面であると云ふことを早く己に人が知つたならば、鬼面遂に鬼面にあらず、一向威嚇の用を爲さぬのでありませぬか、のみならず行はない事も看板に存すると云ふが如き事柄は刑制必罰の原理を無視するの甚しきものであります、刑は行ふべきがために存するのである、存する以上は必ず行ふのである、行うて而して後如何なる効果を生ずるかと云へば、何等の利益をも必要をも生じ來らぬと云ふ事柄は、唯今まで迄申上げた通である（磯部四郎君「まだ澤山ありますか」と呼ふ）又之も事實の論でございますが死刑と云ふものは誤判を回復するに途なき刑罰であります、恐くは礎部君あたりの豫想せられたるのも此點であらうと思ふ、駁論の御準備になりましたのも、此點であらうと思ふ、之は昔から礎部君の崇拜する佛蘭西の學者もさう言つて居ります、死刑は回復することの出來ないところの惡刑である、人誰か過ちなからん、裁判官も人である、それ故に若し一旦過つたならば、どうする、幽明所を異にして此人間界の裁判所は閻魔の廳にまで交渉する譯にはいかぬからして、必ず此誤斷と云ふ事柄を恐れて、誤斷と云ふ事柄を變へて、一刑と云ふものを全然廢止しなければならぬと云ふのは或は極く古い說であつて、最も又勢力ある說なのである、裁判所が誤斷をして人を殺して責任なしと云ふ事柄は、由々敷大事であります、之も私は論じて見たいのでござりますけれども、申したいのは申したいのでござりますけれども兹には略して置きまして、我國に於ける實狀に付いて一つ御話をしたいと思ふ、刑法案の審査に付せられるに當りまして、政府は吾々に一の表を示された、明治三十三年より明治三十八年に至る六年間の表でござります、此表に依つて見まするとと云ふと、此六年間に於て死刑の宣告を受けたるものは百十八件でございます――百十八件六年間に死刑の宣告を受けたものかございます、然るところ此百十八件の死刑と云ふものが如何に誤斷を致して居るかと云ふ事柄を次の表が示して居る、百十八人の被告人は交々不服で上訴を致したところが、第一審に於て言渡した死刑の裁判は惡るいのである、之は無罪になつて宜しいのである、之は禁錮になつて宜しいのである、之は免訴になつて宜いのである、若くは其他の有期刑にして宜しいものであると云ふことで、兎に角死刑を否定せられたる件が八十七件ある、六年の間に百十八件の死刑の言渡をして、直ちに八十七件だけは誤斷であると云ふことを表が示して居るのである、僅かに三十一件と云ふものが僅かに死刑であると云ふ事柄を表が示して居りまするけれども、之もやはり厭世觀を以て京都の御婆さんの例を追ひましたならば、或は獄中に於て自から死ぬるが宜いと云ふ覺悟をして、此裁判に滿足したものが幾人あるか知れぬ、眞に死刑に該當するものは或は五件か六件かも知れないと思ふ、それは餘り少ない例としましたところが、兎に角國民の生命を百十八人だけは絞めて宜しいと云ふ裁判をして、八十七件だけは間違つたと云ふことを表が示して居る以上は、確かに死刑と云ふものは誤斷救濟すべからざるものがあるからして、愼まなければならないと云ふ實例が示されて居ると私は考へる、等しく刑罰でございまする以上は、私は法律の授けたる權利利益は固より均一にしなければなるまい、一般の刑事犯人と云ふものは痛苦の中に改過遷善の途を開いてやると云ふ法律の下に支配せられて居る、然るに死刑犯人に限つて、此刑罰觀念に除外をすると云ふ事柄は、國の犯人待遇に於て二者異なれるものと論定せざるを得ませぬ異なれると論定せらるゝよりも、刑罰觀念に二つの異なる異主義あるものと云ふことを表明するものと論斷しなければなるまいと私は思ひます、御承知の如く裁判の誤斷と云ふものは、獨り死刑ばかりでありります、一般自由刑に於きましても、財産刑に於ても愼まなければならぬ、それ故に法律は誤斷救濟の途を授けて居る、或は非常上告、再審制或は假出獄制度と云ふものを設けまして、確かに死刑以外の自由刑と財産刑とに對して語斷救濟の活路を授けて居る、然るに一旦死刑に處せられて執行を終へたものは、後に非常上告の理由あることを發見するも、再審の理由あることを發見するも再審の理由あることを發見するも、又假出獄の恩典に浴し得べき事情を發見するも、殺したるものは再び蘇せず如何ともすべからざるものでありまず、等しく是れ刑法の授けたる恩典利益である以上は、又等しく其犯人である以上は、死刑犯人にのみ之を授けずして、其他の犯人に授ける、死刑犯人に薄く、其他の犯人に厚いと云ふことは、刑罰が憲法竝に行政法の恩典に依つて授くべき利益と云ふものに等差を附けると云ふことに相成ります、是も理義一貫せざる論と私は信ずるのであります、大體の主張の論旨は唯今の通り、其他死刑を存置すべき理由として死刑廢止に反對なる論據と心ふものゝあるを發見致しませぬ、然らば汝の所謂死刑に代るべき良刑とは何ぞやと云ふ御尋に對して御答すべき責任が私にはあるのでござります、是は私は死刑に代ふるに三十年の有期刑を以てするものでござります、成程三十年と云ふ年限は、人に依りましては死刑同樣に相成るかも知れない、併ながら是に三十年と云ふ年限を付して置くことは、確かに痛苦の中に改過遷善に導くと云ふ理義に適ふのである、又非常上告、再審、假出獄等の恩典利益等に浴せしめ得べき餘地をも存して居るのである、誤斷——誤りたる裁判を救濟し得らるべき利益もあるのである、而して此三十年と云ふ論は、私はやはり現行刑法、否な、改正刑法案より編立てたる論であります、私をして言はしめましたならば、死刑に代ふるに三十年の有期刑を以てすると云ふことは、改正刑法案に明文があると云ひたい位である、それは時效の規定である、死刑に處せられたるものは三十年を經過したるときは時效が完成すると書いてある、人を殺して死刑に處せらるべきものが三十年の間逃げて逃げ終にたならば國家は、遺忘の原則に基いて其罪を問はないのである、捕を逃れて跡を晦まして三十年隱れて居ると、死刑犯人と雖も忘を推測せられて國家が忘れるならば、離隔したる監獄——世界を縮めて苦しく繫がれて居る娑婆の人間とは交通をまるて絶つて居るのでございますからして、三十年も置いたならば、やはり世の中に現はれても隠れて居るものと同じやうに遺忘の原則を應用し、國家が忘れて宜しいてはございませぬか、況や情の上から言へば捕へられて居るものと捕へられて居ないものと、苦痛の度合、國家刑罰權の及びたる關係等の調和を考へましたならば、慥かに三十年の有期刑を取ると云ふ事柄は理義に適ふのである、私は之を以て代ふべき良刑と信ずるのである、併ながら無期などと云ふ刑が其間に狹つて居るから、之を以て代へんと主張するものでない、無期期は死刑よりも惡刑なりと主張するものでありますから、三十年の有期刑を以て死刑に代へんことを唱道するものであります、死刑廢止の利害得失は業に研究し盡されて、餘すところはありませぬ、併ながら私は今日までに其存置の適當なる理由と云ふものを拜聽致したことがございませぬ、外國の法制を見ましても、今日死刑と云ふものゝ存在せられて居る國は、誠に僅かなものでございます、殆ど世界の全體に渉つて居ると云ふものは廢止に歸して居ると云ふ事柄が直だちに斷言が出來るのである、大なる國家例へば英國の如き存置はしてあるが、近き二十年來事實上之を決行しないのである、白耳義亦然りで佛蘭西は昨年内閣閣議で之を廢することに決定し、多分本年の議會には法案が出るだらうと聞いて居る、餘すところは獨逸であるが、獨逸に於ては死刑廢止案は成立なかつたけれども、其議會の經過を見ますれば、如何に獨逸全體の刑制革新の機運が死刑廢止を希望して居るかと云ふことの一斑を知るに足るのでございます。御承知の如く刑法草案か聯邦議會に附せらるゝに當つて、鐵血宰相「ビスマルク」の激烈なる論爭ありしに拘らず、議會は其二讀會に於て八十二に對する百八十の大多數を以て死刑を廢止したのである。而して三讀會に至つて若しも之を議院が否定ずるならば、刑法全部を否定しても宜い、或は議會に對する政府の行動は一變するかも知れぬと云ふ脅迫的の大演説を「ビスマルク」がした結果、百十九に對する百二十七即ち僅に八票の差を以て死刑は存置することになつたと云ふ經過である、二讀會に於て殆ど大多數を以て廢止した、而して三讀會に至つて、あらゆる手段政略を以てしても、僅かに八票の少數に過ぎなかつた、之に依り辛うじて刑法中に死刑を存置することになつたのである、斯樣の次第故所謂今日の文明邦國の刑法の上に於て、死刑は法文の上に存するもの甚だ少なく、假令存するものも事實に之を行ふものなく、偶、獨逸の如き之ありと雖も議院を通過したものさへも其經過今の如く憐れなものであると云ふことに鑑みたならば、此死刑さへ削つたならば――無期刑さへ削つたならば世界第一の刑法法典たるべき本案が此二つを殘すために折角の璧に大瑕を塗ることになりはせぬかと憂ふるのである、實に今度出された刑法は、之を現行法に比して、百段の勝れる所がある、舊草案に比して五十段の勝れる所がある、之に之に無期刑、死刑を廢したならば、私は世界中の模範刑法になると確信するのである、願くは滿堂諸君の同意を得まして、而して特に刑法學に於て多年の蘊蓄ある磯部君の同意を得まして、即ち此修正案は滿場一致を以て通過することを望みます。誠に刑罰は正理公道の要求するところを基礎とし、社會の秩序を保ち、犯人の悔善をすと云ふこと以外には、何等の目的をも有せないから、どうか死刑廢止と云ふ本員の修正説に同意を表されんことを希望致します。

死刑廢止反對論　○議員磯部四郎氏

私は死刑廢止に付きましては全く花井君に反對でございます。其反對に付きまして花井君より豫め反對者は斯う云ふ議論を採るであらう、あゝ云ふ議論をなすであらうと、こちらの言ふべきところを想像されて豫言されましたが、私はさう云ふ論は致さぬのであります。（笑聲起る）私は花井君の御議論として死刑は一體酷な刑であると言はれ、元來刑法は國家を代表して往くべきところの大切のもので、何か頻りに宗教にも負けては往かぬ、道德にも負けては往かぬと云ふ論法で、死刑廢止を御論じになりましたが、私の考では既に刑法全般が據なく存在するので、若し勇氣を出して云ふならば、刑法なくして治まれば、此位結構のことはなく、實に吾々の最も希望するところである、花井君の主張さるゝ歐羅巴諸國でも國に刑法あるは國の弱みを發表して居るに違ひない、國に刑法なくして今日社會の秩序を保つて往けるならば、こんな面倒臭いものを拵へ、監獄費として國が年々六百萬圓宛も費し、澤山の裁判官を置くことも要らなければ無用の辯護士も澤山必要がないのである、（笑聲起る）けれども、どうしても此刑法を以て一種の例外物を拘束して往く方法を備へなければ社會の秩序を保てぬのである、故に獨り死刑のみならず、刑法全體が既に據ない法律で、誠にきたないものであると云ふことを私は豫定致します、さうして此死刑は一體之を存する理由がないとか、斯う申されますが、私は刑法の原則として死刑程理に適つて居るものはないと云ふ論である（笑聲起る）少しも可笑くない次第を説明致します、（笑聲起る）即ち花井君の言ふ如く元來刑法は復讎に起つて居るもので、是は理窟ではない、事實である、何れの國でも私の復讎が公の復讎に變じたのは刑法家を竢つて論ずるまでもないところで、是が復讎の行へないものがある、能く議論の出ることとであるが、即ち獨身の人が他人の妻と姦通したるときには是は實際に復讎は行はれない（笑聲起る）又貧乏人が泥棒したるときに其金員を費消した場合は、幾倍の罰金を求めても實際之を徴收することが出來ない、即ち復讎主義程立派な刑はありませぬが、對手に依つて復讎を仕遂げることが出來ないから、それで種々雜多の刑と云ふものを設けて、之に社會が代つて復讎し來つて、それで被害者の怒を段々宥めて往つたと云ふことが事實であるから、之が理窟に當るか當らぬかと云ふことは、種々雜多な學者が出て、種々な理窟を付けますけれども、今日でも人を殺した者が世の中を平氣で往來して、之を社會が縛りも何もせずに置いたならば、必ず被害者の地位に在るところのものは私に復讐を行ふのであらうと思ふのである、それで日本の大和魂が少くなつたのでも何でもありませぬが、即ち刑法の處分と云ふものが行屆いて、一加害者があれば從つて刑を科せらるゝと云ふことになるから、復讐と云ふものが行はれませぬけれども、刑法の適用完きを得ずして、幸に刑を免れるものが世の中に澤山蔓つて居れば、何時でも復讐と云ふものが顔を出して來るのでありまする、でありますから花井君も申される通り、復讐は至極惡るいものである、惡いものであるから、個人の復讐に代つて社會が復讐するのであるから、それで個人のきたない復讐は去つて、國家の平安を維持して往くのであるから、それが即ち私は刑法の原理だらうと思ふ、種々なことを言つて、社會の必要とか、又は命令とか、學者が八つも九つも言つて居るが、一つも感服するものは無い、私の感服する刑罰權の基礎は復讐より外に無い、所が復讐の事實上行はれぬものがあるから、仕方がない、而して人を殺したるものが死に當ると云ふことは少しもをかしくないことである、それからもう一つは死刑に付いては苦痛を感じない、是は花井君が御經驗がございますか知りませぬけれども、死刑に處せられて見なくては、死ぬまでどう云ふ苦痛を感ずるか、此事に付いては花井君と雖も御經驗はあるまいと考へる、承るところに依れば、どの位貧苦の中に暮らしても、どの位重荷を背負はされても一命を助かりたい。此一命を取らるゝと云ふことは、此上なとが最終の點で、誤判があつて誤りがあつた日には、申譯が無い次第である、花井目的としては居りませぬ、もう一つ御議論として出ましたのは誤判があると云ふこある學理としては述ぶべきでありますけれども、決して刑法は懲戒の一手段を以て執行猶豫をした方が宜からうとのことで、殆ど懲戒主義の反對を表して居るものでませぬ、何故なれば單期自由刑の如きは牢に入れると惡るい事を敎はつて來るからは出來ないから、此節は社會自らが其弱點を自首して居るものと言はなければなりか、勸善であるとかと云ふことがありますけれども、結果に於て其効を奏することることは止めませうと云ふやうなことが實際あれば、刑は原則に於て懲戒であると居つた所が明日から坊主の説敎を聽いて、以來は優しい人になつて、社會に反抗す云ふものは行はれて居ない、又恐くは今日社會に反抗する人があつて牢に捕はれて恐らくは國事犯とか、或は總て斯う云ふ政治的の罪人に付いては、殆ど懲戒主義と刑法の趣意は懲戒ばかりでございませうか、懲戒主義と云ふことになりますならばば、又死刑に處する人を懲戒したところが益もございますまい、さりながら果ししてしまふ以上は社會に用のない人間でございますから、敢て懲戒の必要もなけれである、然るに死刑に向ては懲戒の途がない、如何にも御尤至極でございます、殺あらうと考へる、それからもう一つは刑法は即ち懲戒主義である、斯う云ふ御議論なき苦しいものであると云ふ事柄は、重い病人に承て居ります、どうも是は本當で君に私は承りたい、若し他の刑に、處せられた人間が、天然の壽を以て死んだ後に尙其人間が罪人でなかつたと云ふことが分ると、氣の毒な譯で、刑に處せられた塲合に於て此誤判に付いては社會は如何なる申譯をすることが出來ませう、花井君は三十年間に斯る誤判が必ず現るるものと斷定せられた譯でありませうか、私の考に致しますれば假令死刑の刑で死んでも、無期の刑で死んでも、五日でも、十日でも今日社會が無罪の人間を罰したと云ふならば、是は謝さなければならぬ、謝するの途は其人間の活きて居るときは謝することが出來ませう、併し此人間は天壽であるから知れない、天壽を以て終へたものとしたところが、其誤判であつたと云ふことは死後に謝するの途なしと云ふことは、刑の死刑たると否とを問ふの必要はない、若又刑を誤てはいかぬと云ふ臆病風に誘はれて、刑法を適用することが出來ないと云ふ思召があつたならば、犯罪人を縱横無盡に何所でも歩かして、刑法を止めなければならない、是も誤判であるまいか、彼も誤判ではあるまいか、剣呑な話であるから是を適用することはよして、彼のすることを見なければならぬと云ふので、刑法全廢論を持出すが相當で、獨り其一部分の死刑廢止を持出すと云ふことは、甚だ其當を誤て居ると考へます、それから今一つは英國或は佛蘭西、若くは白耳義に於ては死刑を執行せずに、唯威嚇的に存在して置くと言はれるのは御尤もでありますけれども、私の承つて居るところでは、さう云ふことはない、死刑は固より適用する、さりながら適用すべき罪人が出て來ないのである、日本に於きましても此死刑を存置せしめて置いて、死刑に處すべき罪人が出なければ、誠に結構なことではありませぬか、死刑が存するからとて無理に人の首を斬らなければならぬと云ふやうな學者もなければ、裁判官もないのであるから、即ち五十年も七十年も死刑を存在して置いて、實際適用する必要に遭遇しないのは、私の最も希望するところであるけれども奈何せん一兩年以來死刑を二つも三つも身體があるならば行つてやりたいと云ふやうな罪人が、不幸にして出て來ますから、此間に到底死刑を廢すると云ふことに至りませぬのみならず、何時までも存して置いて、社會が他の方法に依つて段々改良せられて死刑を適用するの必要の無くなる方に十分心を傾けられて、さうして刑法が有つても無きが如く、此世の中が治まつて往けば、此位結構なことはありませぬが、此所一兩年の社會の有樣を見ると、死刑に處すべき罪人の續々出て來るのを誠に遺憾に思ふのであるから、此邊のところで大抵諸君に於ても死刑の存置に贊成あつて宜しからう、私は死刑の事柄に付いて尙早論は唱へませぬ、抑元來理窟に於て宜いと極つたものは、今日も宜ければ明日も宜い、明年も宜い、宜いと極つたものは百年も二百年も存置せしめて宜いと思ふ、死刑の如きは刑法の存在する限り、一社會に於て其存置を要する一の極刑であると信じますから、之に付いて尙早論は決して唱へませぬ、又誤判に付いての御議論もございます、是は御尤至極でありますが、其代り日本に於きましては先程御引用になりました統計表でありますす、即ち是は日本に於て誤判を生ぜしめない證據であります、第一審に於て間違つたことをやれば、第二審があり、第二審が間違つたことをすれば、大審院に於て其適用宜しきを得せしむると云ふので、實に死刑に付いては適用上注意を加へてあるから此點に付いては殆ど御安心であらう。併し萬一違つたらどうする萬が一にある誤判を以て刑法全體を廢する譯に往かぬ以上には死刑を存在して置かんければならぬと存じますから、速にどうか死刑存置の事に滿場の御贊同あらんことを望みます、

○無期刑廢止論　（主唱者花井卓藏氏、反對者磯部四郎氏の所論、本紙第九條參照）

刑法修正理由 大尾

明治四十年四月廿一日印刷
明治四十年四月廿五日發行

定價金七拾錢

著作者　南雲庄之助
東京市日本橋區下槇町二番地
發行者　木田吉太郎
東京市牛込區若松町八十番地
發行者　深谷善三郎
東京市京橋區岡崎町二丁目二十五番地
印刷者　遠藤銈吉

東京市牛込區若松町八十番地
深谷書店
東京市日本橋區下槇町二番地
集文館書店
發行所

刑法修正理由　完　　　　**日本立法資料全集　別巻 1184**

平成30年３月20日　　復刻版第１刷発行

編　者　南　雲　庄　之　助

発行者　今　井　　　貴
　　　　渡　辺　左　近

発行所　信　山　社　出　版
〒113-0033　東京都文京区本郷６-２-９-102
モンテベルデ第２東大正門前
電　話　03（3818）1019
ＦＡＸ　03（3818）0344
郵便振替　00140-2-367777（信山社販売）

Printed in Japan.

制作／(株)信山社，印刷・製本／松澤印刷・日進堂

ISBN 978-4-7972-7299-4 C3332

別巻　巻数順一覧【950 ～ 981 巻】

巻数	書　名	編・著者	ISBN	本体価格
950	実地応用町村制質疑録	野田藤吉郎、國吉拓郎	ISBN978-4-7972-6656-6	22,000 円
951	市町村議員必携	川瀬周次、田中迪三	ISBN978-4-7972-6657-3	40,000 円
952	増補 町村制執務備考 全	増澤鐵、飯島篤雄	ISBN978-4-7972-6658-0	46,000 円
953	郡区町村編制法 府県会規則 地方税規則 三法綱論	小笠原美治	ISBN978-4-7972-6659-7	28,000 円
954	郡区町村編制 府県会規則 地方税規則 新法例纂 追加地方諸要則	柳澤武運三	ISBN978-4-7972-6660-3	21,000 円
955	地方革新講話	西内天行	ISBN978-4-7972-6921-5	40,000 円
956	市町村名辞典	杉野耕三郎	ISBN978-4-7972-6922-2	38,000 円
957	市町村吏員提要〔第三版〕	田邊好一	ISBN978-4-7972-6923-9	60,000 円
958	帝国市町村便覧	大西林五郎	ISBN978-4-7972-6924-6	57,000 円
959	最近検定 市町村名鑑 附 官国幣社 及 諸学校所在地一覧	藤澤衛彦、伊東順彦、増田穆、関惣右衛門	ISBN978-4-7972-6925-3	64,000 円
960	鼇頭対照 市町村制解釈 附 理由書 及 参考諸布達	伊藤寿	ISBN978-4-7972-6926-0	40,000 円
961	市町村制釈義 完　附 市町村制理由	水越成章	ISBN978-4-7972-6927-7	36,000 円
962	府県郡市町村 模範治績　附 耕地整理法 産業組合法 附属法令	荻野千之助	ISBN978-4-7972-6928-4	74,000 円
963	市町村大字読方名彙〔大正十四年度版〕	小川琢治	ISBN978-4-7972-6929-1	60,000 円
964	町村会議員選挙要覧	津田東璋	ISBN978-4-7972-6930-7	34,000 円
965	市制町村制 及 府県制　附 普通選挙法	法律研究会	ISBN978-4-7972-6931-4	30,000 円
966	市制町村制註釈 完　附 市制町村制理由〔明治21年初版〕	角田真平、山田正賢	ISBN978-4-7972-6932-1	46,000 円
967	市町村制詳解 全　附 市町村制理由	元田肇、加藤政之助、日鼻豊作	ISBN978-4-7972-6933-8	47,000 円
968	区町村会議要覧 全	阪田辨之助	ISBN978-4-7972-6934-5	28,000 円
969	実用 町村制市制事務提要	河邨貞山、島村文耕	ISBN978-4-7972-6935-2	46,000 円
970	新旧対照 市制町村制正文〔第三版〕	自治館編輯局	ISBN978-4-7972-6936-9	28,000 円
971	細密調査 市町村便覧(三府 四十三県 北海道 樺太 台湾 朝鮮 関東州)　附 分類官公衙公私学校銀行所在地一覧表	白山榮一郎、森田公美	ISBN978-4-7972-6937-6	88,000 円
972	正文 市制町村制 並 附属法規	法曹閣	ISBN978-4-7972-6938-3	21,000 円
973	台湾朝鮮関東州 全国市町村便覧 各学校所在地〔第一分冊〕	長谷川好太郎	ISBN978-4-7972-6939-0	58,000 円
974	台湾朝鮮関東州 全国市町村便覧 各学校所在地〔第二分冊〕	長谷川好太郎	ISBN978-4-7972-6940-6	58,000 円
975	合巻 佛蘭西邑法・和蘭邑法・皇国郡区町村編成法	箕作麟祥、大井憲太郎、神田孝平	ISBN978-4-7972-6941-3	28,000 円
976	自治之模範	江木翼	ISBN978-4-7972-6942-0	60,000 円
977	地方制度実例総覧〔明治36年初版〕	金田謙	ISBN978-4-7972-6943-7	48,000 円
978	市町村民 自治読本	武藤榮治郎	ISBN978-4-7972-6944-4	22,000 円
979	町村制詳解　附 市制及町村制理由	相澤富蔵	ISBN978-4-7972-6945-1	28,000 円
980	改正 市町村制 並 附属法規	楠綾雄	ISBN978-4-7972-6946-8	28,000 円
981	改正 市制 及 町村制〔訂正10版〕	山野金蔵	ISBN978-4-7972-6947-5	28,000 円

巻数	書　名	編・著者	ISBN	本体価格
915	改正 新旧対照市町村一覧	鍾美堂	ISBN978-4-7972-6621-4	78,000 円
916	東京市会先例彙輯	後藤新平、桐島像一、八田五三	ISBN978-4-7972-6622-1	65,000 円
917	改正 地方制度解説〔第六版〕	狭間茂	ISBN978-4-7972-6623-8	67,000 円
918	改正 地方制度通義	荒川五郎	ISBN978-4-7972-6624-5	75,000 円
919	町村制市制全書 完	中嶋廣蔵	ISBN978-4-7972-6625-2	80,000 円
920	自治新制 市町村会法要談 全	田中重策	ISBN978-4-7972-6626-9	22,000 円
921	郡市町村吏員 収税実務要書	荻野千之助	ISBN978-4-7972-6627-6	21,000 円
922	町村至宝	桂虎次郎	ISBN978-4-7972-6628-3	36,000 円
923	地方制度通 全	上山満之進	ISBN978-4-7972-6629-0	60,000 円
924	帝国議会府県会郡会市町村会議員必携 附関係法規 第1分冊	太田峯三郎、林田亀太郎、小原新三	ISBN978-4-7972-6630-6	46,000 円
925	帝国議会府県会郡会市町村会議員必携 附関係法規 第2分冊	太田峯三郎、林田亀太郎、小原新三	ISBN978-4-7972-6631-3	62,000 円
926	市町村是	野田千太郎	ISBN978-4-7972-6632-0	21,000 円
927	市町村執務要覧 全 第1分冊	大成館編輯局	ISBN978-4-7972-6633-7	60,000 円
928	市町村執務要覧 全 第2分冊	大成館編輯局	ISBN978-4-7972-6634-4	58,000 円
929	府県会規則大全　附 裁定録	朝倉達三、若林友之	ISBN978-4-7972-6635-1	28,000 円
930	地方自治の手引	前田宇治郎	ISBN978-4-7972-6636-8	28,000 円
931	改正 市制町村制と衆議院議員選挙法	服部喜太郎	ISBN978-4-7972-6637-5	28,000 円
932	市町村国税事務取扱手続	広島財務研究会	ISBN978-4-7972-6638-2	34,000 円
933	地方自治制要義 全	末松偕一郎	ISBN978-4-7972-6639-9	57,000 円
934	市町村特別税之栞	三邊長治、水谷平吉	ISBN978-4-7972-6640-5	24,000 円
935	英国地方制度 及 税法	良保両氏、水野遵	ISBN978-4-7972-6641-2	34,000 円
936	英国地方制度 及 税法	髙橋達	ISBN978-4-7972-6642-9	20,000 円
937	日本法典全書 第一編 府県制郡制註釈	上條慎蔵、坪谷善四郎	ISBN978-4-7972-6643-6	58,000 円
938	判例挿入 自治法規全集 全	池田繁太郎	ISBN978-4-7972-6644-3	82,000 円
939	比較研究 自治之精髄	水野錬太郎	ISBN978-4-7972-6645-0	22,000 円
940	傍訓註釈 市制町村制 並ニ 理由書〔第三版〕	筒井時治	ISBN978-4-7972-6646-7	46,000 円
941	以呂波引町村便覧	田山宗堯	ISBN978-4-7972-6647-4	37,000 円
942	町村制執務要録 全	鷹巣清二郎	ISBN978-4-7972-6648-1	46,000 円
943	地方自治 及 振興策	床次竹二郎	ISBN978-4-7972-6649-8	30,000 円
944	地方自治講話	田中四郎左衛門	ISBN978-4-7972-6650-4	36,000 円
945	地方施設改良 訓諭演説集〔第六版〕	鹽川玉江	ISBN978-4-7972-6651-1	40,000 円
946	帝国地方自治団体発達史〔第三版〕	佐藤亀齢	ISBN978-4-7972-6652-8	48,000 円
947	農村自治	小橋一太	ISBN978-4-7972-6653-5	34,000 円
948	国税 地方税 市町村税 滞納処分法問答	竹尾高堅	ISBN978-4-7972-6654-2	28,000 円
949	市町村役場実用 完	福井淳	ISBN978-4-7972-6655-9	40,000 円

別巻　巻数順一覧【878～914巻】

巻数	書　名	編・著者	ISBN	本体価格
878	明治史第六編 政黨史	博文館編輯局	ISBN978-4-7972-7180-5	42,000円
879	日本政黨發達史 全〔第一分冊〕	上野熊藏	ISBN978-4-7972-7181-2	50,000円
880	日本政黨發達史 全〔第二分冊〕	上野熊藏	ISBN978-4-7972-7182-9	50,000円
881	政党論	梶原保人	ISBN978-4-7972-7184-3	30,000円
882	獨逸新民法商法正文	古川五郎、山口弘一	ISBN978-4-7972-7185-0	90,000円
883	日本民法鼇頭對比獨逸民法	荒波正隆	ISBN978-4-7972-7186-7	40,000円
884	泰西立憲國政治攬要	荒井泰治	ISBN978-4-7972-7187-4	30,000円
885	改正衆議院議員選擧法釋義 全	福岡伯、横田左仲	ISBN978-4-7972-7188-1	42,000円
886	改正衆議院議員選擧法釋義 附 改正貴族院令,治安維持法	犀川長作、犀川久平	ISBN978-4-7972-7189-8	33,000円
887	公民必携 選擧法規ト判決例	大浦兼武、平沼騏一郎、木下友三郎、清水澄、三浦數平	ISBN978-4-7972-7190-4	96,000円
888	衆議院議員選擧法輯覽	司法省刑事局	ISBN978-4-7972-7191-1	53,000円
889	行政司法選擧判例總覽―行政救濟と其手續―	澤田竹治郎・川崎秀男	ISBN978-4-7972-7192-8	72,000円
890	日本親族相續法義解 全	髙橋捨六・堀田馬三	ISBN978-4-7972-7193-5	45,000円
891	普通選擧文書集成	山中秀男・岩本溫良	ISBN978-4-7972-7194-2	85,000円
892	普選の勝者 代議士月旦	大石末吉	ISBN978-4-7972-7195-9	60,000円
893	刑法註釋 卷一～卷四(上卷)	村田保	ISBN978-4-7972-7196-6	58,000円
894	刑法註釋 卷五～卷八(下卷)	村田保	ISBN978-4-7972-7197-3	50,000円
895	治罪法註釋 卷一～卷四(上卷)	村田保	ISBN978-4-7972-7198-0	50,000円
896	治罪法註釋 卷五～卷八(下卷)	村田保	ISBN978-4-7972-7198-0	50,000円
897	議會選擧法	カール・ブラウニアス、國政研究科會	ISBN978-4-7972-7201-7	42,000円
901	鼇頭註釈 町村制 附 理由 全	八乙女盛次、片野続	ISBN978-4-7972-6607-8	28,000円
902	改正 市制町村制 附 改正要義	田山宗堯	ISBN978-4-7972-6608-5	28,000円
903	増補訂正 町村制詳解〔第十五版〕	長峰安三郎、三浦通太、野田千太郎	ISBN978-4-7972-6609-2	52,000円
904	市制町村制 並 理由書 附 直接間接税類別及実施手続	高崎修助	ISBN978-4-7972-6610-8	20,000円
905	町村制要義	河野正義	ISBN978-4-7972-6611-5	28,000円
906	改正 市制町村制義解〔帝國地方行政学会〕	川村芳次	ISBN978-4-7972-6612-2	60,000円
907	市制町村制 及 関係法令〔第三版〕	野田千太郎	ISBN978-4-7972-6613-9	35,000円
908	市町村新旧対照一覧	中村芳松	ISBN978-4-7972-6614-6	38,000円
909	改正 府県郡制問答講義	木内英雄	ISBN978-4-7972-6615-3	28,000円
910	地方自治提要 全 附 諸届願書式 日用規則抄録	木村時義、吉武則久	ISBN978-4-7972-6616-0	56,000円
911	訂正増補 市町村制問答詳解 附 理由及追輯	福井淳	ISBN978-4-7972-6617-7	70,000円
912	改正 府県制郡制註釈〔第三版〕	福井淳	ISBN978-4-7972-6618-4	34,000円
913	地方制度実例総覧〔第七版〕	自治館編輯局	ISBN978-4-7972-6619-1	78,000円
914	英国地方政治論	ジョージ・チャールズ・ブロドリック、久米金彌	ISBN978-4-7972-6620-7	30,000円